《어휘툰 만화 초등 속담 100》으로 재미있게 **속담 공부하는 법**

속담 4컷 만화

학교생활, 가족 관계 등 다양한 주제가 가득!

⭐ 멍이와 친구들의 재미있는 이야기를 4컷 만화로 읽고, 속담이 어떤 상황에서 쓰이는지, 어떤 뜻인지 유추해 보세요.

이런 뜻이에요

내가 좋은 말과 행동을 해야 상대방도 나에게 좋은 말과 행동을 한다.

친구에게 함부로 말하면 친구도 나에게 상냥하게 말하지 않을 거예요. 이 속담에는 다른 사람이 나에게 친절하게 대해 주기를 바란다면, 내가 먼저 그렇게 하는 게 좋다는 가르침이 담겨 있어요.

⭐ 만화에 나온 속담의 자세한 뜻과 쓰임새를 쉽게 풀었어요. 술술 읽으면서 속담의 의미를 정확하게 기억해 보세요.

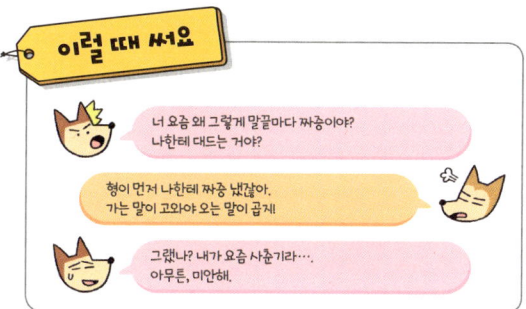

⭐ 짧은 대화를 읽으며 속담을 쓰는 상황과 표현을 익혀 보세요. 일상생활에서 속담을 써먹다 보면 말과 글에 힘이 붙을 거예요.

이런 말도 있어요

엑 하면 떽 한다
내가 좋은 말과 행동을 해야 상대방도 나에게 좋은 말과 행동을 한다.
'엑'은 못마땅할 때 내는 소리 '에기'의 줄임말이에요. '떽'은 혼낼 때 내는 소리 '떼기'의 줄임말이지요. 내가 못마땅한 소리를 하면 상대방도 혼내는 소리를 한다는 뜻이에요.

⭐ 비슷한 뜻을 가진 다른 속담, 외국 속담, 사자성어를 배우며 어휘력을 쑥쑥 키워요.

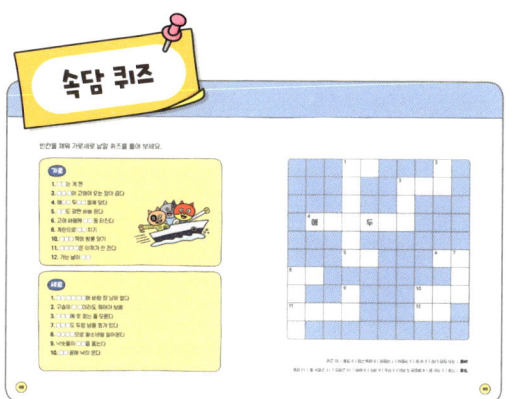

⭐ 가로세로 낱말 퀴즈, 초성 퀴즈 등으로 속담을 제대로 배웠는지 점검해요. 정답은 각 페이지의 아래쪽에 있어요.

〈일러두기〉
속담의 뜻은 국립국어원 표준국어대사전을 주로 참고했으며, 뜻이 여러 개인 경우에는 가장 대표적인 뜻을 담았습니다.

ㄱ으로 시작하는 속담

- 001 가는 날이 장날 · 8
- 002 가는 말이 고와야 오는 말이 곱다 · 10
- 003 가랑비에 옷 젖는 줄 모른다 · 12
- 004 가재는 게 편 · 14
- 005 가지 많은 나무에 바람 잘 날이 없다 · 16
- 006 간에 붙었다 쓸개에 붙었다 한다 · 18
- 007 같은 값이면 다홍치마 · 20
- 008 개구리 올챙이 적 생각 못 한다 · 22
- 009 개똥도 약에 쓰려면 없다 · 24
- 010 계란으로 바위 치기 · 26
- 011 고래 싸움에 새우 등 터진다 · 28
- 012 고생 끝에 낙이 온다 · 30
- 013 고양이 목에 방울 달기 · 32
- 014 공든 탑이 무너지랴 · 34
- 015 구르는 돌은 이끼가 안 낀다 · 36
- 016 구슬이 서 말이라도 꿰어야 보배 · 38
- 017 굼벵이도 구르는 재주가 있다 · 40
- 018 까마귀 날자 배 떨어진다 · 42
- 019 꼬리가 길면 밟힌다 · 44
- 020 꿩 먹고 알 먹는다 · 46
- ㄱ 속담 퀴즈 · 48

ㄴㄷ으로 시작하는 속담

- 021 낙동강 오리알 · 52
- 022 남의 눈에 눈물 내면 제 눈에는 피눈물이 난다 · 54
- 023 남의 손의 떡은 커 보인다 · 56
- 024 남의 잔치에 감 놓아라 배 놓아라 한다 · 58
- 025 낫 놓고 기역 자도 모른다 · 60
- 026 낮말은 새가 듣고 밤말은 쥐가 듣는다 · 62
- 027 내 코가 석 자 · 64
- 028 누워서 침 뱉기 · 66
- 029 눈에는 눈 이에는 이 · 68
- 030 다 된 죽에 코 풀기 · 70
- 031 다람쥐 쳇바퀴 돌듯 · 72
- 032 달도 차면 기운다 · 74
- 033 달면 삼키고 쓰면 뱉는다 · 76
- 034 닭 잡아먹고 오리발 내놓기 · 78
- 035 닭 쫓던 개 지붕 쳐다보듯 · 80
- 036 도둑이 제 발 저리다 · 82
- 037 돌다리도 두들겨 보고 건너라 · 84
- 038 되로 주고 말로 받는다 · 86
- 039 될성부른 나무는 떡잎부터 알아본다 · 88
- 040 두 손뼉이 맞아야 소리가 난다 · 90
- 041 등잔 밑이 어둡다 · 92
- 042 떡 줄 사람은 꿈도 안 꾸는데 김칫국부터 마신다 · 94
- 043 똥 누러 갈 적 마음 다르고 올 적 마음 다르다 · 96
- 044 똥 묻은 개가 겨 묻은 개 나무란다 · 98
- 045 뛰는 놈 위에 나는 놈 있다 · 100
- ㄴㄷ 속담 퀴즈 · 102

ㅁㅂ으로 시작하는 속담

- 046 마른하늘에 날벼락 · 106
- 047 말 한마디에 천 냥 빚도 갚는다 · 108
- 048 말이 씨가 된다 · 110
- 049 목마른 놈이 우물 판다 · 112
- 050 못 먹는 감 찔러나 본다 · 114
- 051 못 오를 나무는 쳐다보지도 마라 · 116
- 052 못된 송아지 엉덩이에 뿔이 난다 · 118
- 053 물에 빠진 놈 건져 놓으니까 내 봇짐 내라 한다 · 120
- 054 미꾸라지 한 마리가 온 웅덩이를 흐려 놓는다 · 122
- 055 믿는 도끼에 발등 찍힌다 · 124
- 056 밑 빠진 독에 물 붓기 · 126
- 057 바늘 가는 데 실 간다 · 128
- 058 바늘 도둑이 소도둑 된다 · 130
- 059 발 없는 말이 천 리 간다 · 132
- 060 방귀 뀐 놈이 성낸다 · 134
- 061 배보다 배꼽이 더 크다 · 136
- 062 백지장도 맞들면 낫다 · 138
- 063 벼룩의 간을 내먹는다 · 140
- 064 병 주고 약 준다 · 142
- 065 비 온 뒤에 땅이 굳어진다 · 144
- 066 빈 수레가 요란하다 · 146
- 067 빈대 잡으려고 초가삼간 태운다 · 148
- 068 빛 좋은 개살구 · 150
- ㅁㅂ 속담 퀴즈 · 152

ㅅㅇ으로 시작하는 속담

- 069 사공이 많으면 배가 산으로 간다 · 156
- 070 서당 개 삼 년에 풍월을 읊는다 · 158
- 071 선무당이 사람 잡는다 · 160
- 072 세 살 적 버릇이 여든까지 간다 · 162
- 073 소 잃고 외양간 고친다 · 164
- 074 쇠귀에 경 읽기 · 166
- 075 쇠뿔도 단김에 빼랬다 · 168
- 076 수박 겉 핥기 · 170
- 077 숭어가 뛰니까 망둥이도 뛴다 · 172
- 078 아닌 밤중에 홍두깨 · 174
- 079 어물전 망신은 꼴뚜기가 시킨다 · 176
- 080 우물 안 개구리 · 178
- 081 우물을 파도 한 우물을 파라 · 180
- 082 원수는 외나무다리에서 만난다 · 182
- 083 윗물이 맑아야 아랫물이 맑다 · 184
- ㅅㅇ 속담 퀴즈 · 186

ㅈㅊㅋㅌㅎ으로 시작하는 속담

- 084 자라 보고 놀란 가슴 솥뚜껑 보고 놀란다 · 190
- 085 작은 고추가 더 맵다 · 192
- 086 재주는 곰이 넘고 돈은 주인이 받는다 · 194
- 087 쥐구멍에도 볕 들 날 있다 · 196
- 088 지렁이도 밟으면 꿈틀한다 · 198
- 089 짚신도 제짝이 있다 · 200
- 090 참새가 방앗간을 그저 지나랴 · 202
- 091 천 리 길도 한 걸음부터 · 204
- 092 콩 심은 데 콩 나고 팥 심은 데 팥 난다 · 206
- 093 콩으로 메주를 쑨다 하여도 곧이듣지 않는다 · 208
- 094 티끌 모아 태산 · 210
- 095 하늘이 무너져도 솟아날 구멍이 있다 · 212
- 096 하룻강아지 범 무서운 줄 모른다 · 214
- 097 한술 밥에 배부르랴 · 216
- 098 호미로 막을 것을 가래로 막는다 · 218
- 099 호박이 넝쿨째로 굴러떨어졌다 · 220
- 100 황소 뒷걸음치다가 쥐 잡는다 · 222
- ㅈㅊㅋㅌㅎ 속담 퀴즈 · 224

ㄱ~ㅎ 속담 복습 퀴즈 · 228

001 가는 날이 장날

✅ 멍이의 편지 ❶

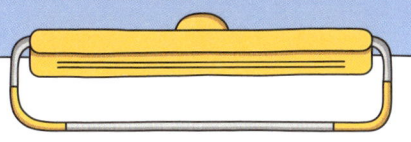

이런 뜻이에요

어떤 일을 하려는데,
예상하지 못한 다른 일을 마주하다.

시장이 열리는 날을 '장날'이라고 해요. 옛날에는 시장이 며칠에 한 번씩 열렸어요. 친구네 집에 놀러 갔는데, 장날이라 친구가 장에 갔다면 만나지 못할 거예요. 반면에 필요한 물건이 있는데 마침 장날이라면 그날 바로 살 수 있겠지요? 이렇게 우연히 나쁜 일이나 좋은 일을 마주했을 때 쓰는 속담이에요.

이럴 때 써요

 오늘 방과 후 학교에서 축구 경기하지?
우리 점심시간에 운동장에서 연습할래?

창밖을 봐. 가는 날이 장날이라더니, 비가 와.
그것도 엄청 쏟아지는걸.

 흑흑, 오늘 왜 이렇게 되는 일이 없을까?

이런 말도 있어요

가는 날이 생일

어떤 일을 하려는데, 예상하지 못한 다른 일을 마주하다.
다른 일이 있어서 갔는데, 뜻하지 않게 생일잔치가 열렸다는 뜻이에요. '가는 날이 장날'과 같은 뜻을 가진 속담이지요.

002 가는 말이 고와야 오는 말이 곱다

✅ **멍이의 편지 ❷**

이런 뜻이에요

내가 좋은 말과 행동을 해야 상대방도 나에게 좋은 말과 행동을 한다.

친구에게 함부로 말하면 친구도 나에게 상냥하게 말하지 않을 거예요. 이 속담에는 다른 사람이 나에게 친절하게 대해 주기를 바란다면, 내가 먼저 그렇게 하는 게 좋다는 가르침이 담겨 있어요.

이럴 때 써요

 너 요즘 왜 그렇게 말끝마다 짜증이야? 나한테 대드는 거야?

형이 먼저 나한테 짜증 냈잖아. 가는 말이 고와야 오는 말이 곱지!

 그랬나? 내가 요즘 사춘기라···. 아무튼, 미안해.

이런 말도 있어요

엑 하면 떽 한다
내가 좋은 말과 행동을 해야 상대방도 나에게 좋은 말과 행동을 한다.
'엑'은 못마땅할 때 내는 소리 '에기'의 줄임말이에요. '떽'은 혼낼 때 내는 소리 '떼기'의 줄임말이지요. 내가 못마땅한 소리를 하면 상대방도 혼내는 소리를 한다는 뜻이에요.

003 가랑비에 옷 젖는 줄 모른다

☑ **가릉이의 웃긴 발음**

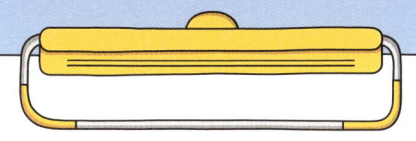

이런 뜻이에요

**아무리 작은 일이라도 되풀이되면
무시하지 못할 정도로 큰일이 된다.**

'가랑비'는 가늘게 내리는 비로, 맞아도 별로 안 젖을 거라고 생각할 수 있어요. 그런데 가랑비는 조금씩 젖어 들기 때문에 계속 맞으면 모르는 새 옷이 흠뻑 젖는답니다. 그러니까 작은 일이라고 무시하면 안 되겠지요?

용돈 받은 지 얼마 안 됐는데, 왜 지갑이 텅 비었지?

언니, 요즘 할인한다고 날마다 젤리 사 먹었지?
가랑비에 옷 젖는 줄 모른 거야.

속담이 잔소리가 될 수도 있구나.

이런 말도 있어요

바늘구멍으로 황소바람 들어온다
작은 것이라고 대수롭지 않게 여기다가는 큰일을 겪는다.
'황소바람'은 좁은 틈으로 들어오는 거센 바람을 뜻해요. 황소바람을 막으려면 바늘구멍처럼 작은 틈도 바로 메워야 하는 것처럼 작은 일이라도 무시하지 말라는 가르침이 담겨 있어요.

004

가재는 게 편

☑ 흔한 자매 ❶

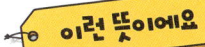

생김새나 상황이 비슷한 사람끼리
잘 어울리며, 서로 감싸 주기 쉽다.

가재와 게는 등딱지와 집게발이 있어서 생김새가 서로 비슷해요. 그래서 게가 전혀 다르게 생긴 동물과 싸우면 가재는 게의 편을 든다는 말이지요. 가재와 게처럼 생김새나 처해 있는 상황이 비슷한 사람끼리 한편이 될 때 사용하는 속담이에요.

 엄마, 오늘 언니가 제 편을 들어 줬어요.

집에서는 티격태격해도, 나가면 동생을 챙기는구나?

 가재는 게 편, 고양이는 고양이 편이니까요!

이런 말도 있어요

팔이 안으로 굽지 밖으로 굽나
나와 가까운 사람에게 더 마음을 쓰고, 편을 들어 주는 게 당연하다.
팔은 안으로 구부러지고, 밖으로는 구부릴 수 없지요. 이처럼 친하지 않은 사람보다 가족이나 친구 등 가까운 사람에게 더 마음을 쓰는 것이 당연하다는 뜻이에요.

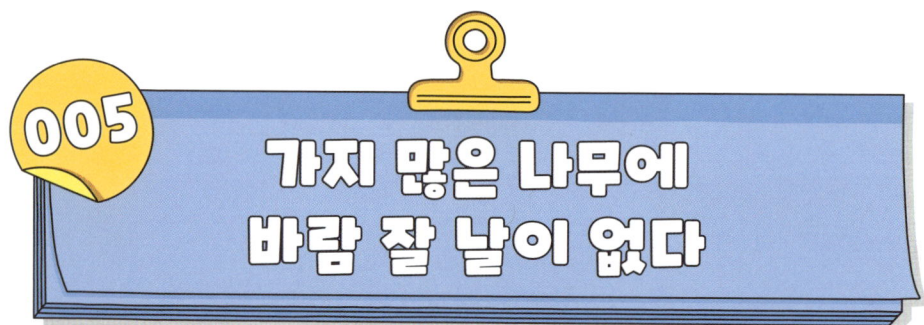

005 가지 많은 나무에 바람 잘 날이 없다

흔한 자매 ②

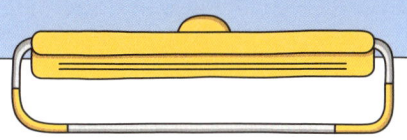

자식이 많은 부모는 걱정이 많아서
하루도 편할 날이 없다.

'바람 잘 날이 없다'는 말은 '바람이 잠잠한 날이 없다'는 뜻이에요. 무성한 나무는 나뭇가지와 잎이 많아서 바람에 쉽게 흔들려요. 자식이 많은 부모를 가지가 많은 나무에 빗댄 속담으로 잠시도 편히 쉬지 못하고, 자식 걱정을 한다는 뜻이에요.

세쌍둥이가 밥을 잘 안 먹어서 걱정이에요.

멍이 누나들이 멍이를 못살게 굴어서 걱정이에요.

가지 많은 나무에 바람 잘 날이 없다니까요.

이런 말도 있어요

새끼 아홉 둔 소 길마 벗을 날 없다
자식이 많은 부모는 자식을 먹여 키우려고 쉴 새 없이 고생을 한다.
'길마'는 짐을 싣거나 수레를 끌기 위해 소의 등에 얹는 기구예요. 이 속담은 새끼가 여럿인 소가 하루도 길마를 벗지 못하고 열심히 일하는 것처럼, 자식이 여럿인 부모도 쉴 새 없이 일만 하게 된다는 뜻이에요.

006 간에 붙었다 쓸개에 붙었다 한다

✅ **얄미운 깡총이 ❶**

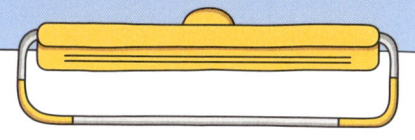

이런 뜻이에요

**나에게 조금이라도 이익이 되는 쪽으로
왔다 갔다 한다.**

'쓸개'는 간에서 나오는 쓸개즙을 저장하는 주머니로, 간 옆에 붙어 있어요. 이 속담은 간과 쓸개의 사이를 오가듯, 이익에 따라 이쪽 편에 붙었다 저쪽 편에 붙었다 하는 행동을 이르는 말이에요.

이럴 때 써요

 우리는 가릉이 누나보다 누나를 더 좋아해.

너희들, 가릉이 언니한테는 거꾸로 말하지?
간에 붙었다 쓸개에 붙었다 하지 마.

 그게 뭐야? 붙였다 뗐다 하는 스티커야?

이런 말도 있어요

방에 가면 더 먹을까 부엌에 가면 더 먹을까
어느 쪽으로 가야 더 이익이 될지 따진다.
방과 부엌 중 어디로 가야 더 많은 음식을 얻어먹을 수 있을지, 이익을 따지느라 망설이는 모습을 빗댄 속담이에요.

007 같은 값이면 다홍치마

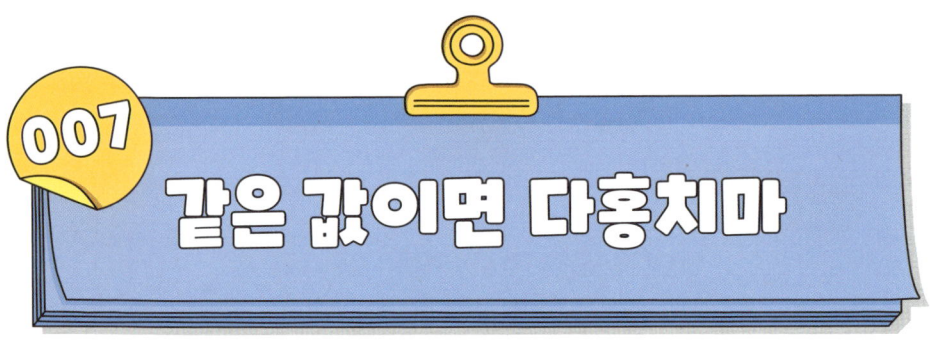

✓ **깡총이의 간식**

*클로버: 토끼풀의 영어식 이름.

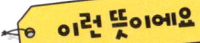 **이런 뜻이에요**

값이 같거나 같은 노력을 한다면
이왕이면 더 좋은 것을 고른다.

'다홍치마'는 짙고 산뜻한 붉은빛 치마예요. 무언가를 얻기 위해 들여야 하는 돈이나 시간, 노력 등이 같다면, 선택할 수 있는 것들 가운데 가장 좋은 것을 고르는 게 당연하다는 뜻이에요.

이럴 때 써요

 와! 솜사탕이다! 모두 1,000원이네?

어서 오렴. 분홍색 솜사탕을 줄까, 하늘색 솜사탕을 줄까?

 같은 값이면 다홍치마니까 제일 큰 솜사탕을 주세요.

이런 말도 있어요

이왕이면 창덕궁
이왕이면 제일 좋은 쪽을 고른다.
'창덕궁'은 조선 시대에 세워진 궁궐 중 하나예요. 왕이 살던 곳이니까 최고로 좋은 집이라고 할 수 있지요. 이 속담은 집을 고르자면 창덕궁을 고르는 것처럼, 무엇이든 가장 좋은 것을 고른다는 뜻이에요.

008 개구리 올챙이 적 생각 못 한다

✅ **얄미운 깡총이 ❷**

봤지? 내가 우리 학교 딱지왕이라니까!

나, 딱지 하나만 빌려주면 안 돼?

어쩌지? 나도 한 개밖에 안 남았어.

딱지 하나만 빌려주면 안 돼?

싫어. 딱지 없으면 넌 이제 빠져.

개구리 올챙이 적 생각 못 한다더니, 옛날엔 맨날 나한테 딱지 빌렸잖아!

난 기억 안 나는데?

야!

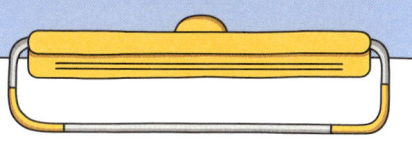

이런 뜻이에요

어렵게 지내던 때를 까맣게 잊고
처음부터 잘난 듯이 으스댄다.

다리가 없는 올챙이는 물속을 헤엄쳐 다녀요. 그러다가 자라서 개구리가 되면 껑충껑충 뛸 수 있고, 물속과 물 밖을 자유롭게 다니지요. 만약에 개구리가 올챙이였던 때를 까맣게 잊고 다리를 자랑한다면, 얼마나 얄미울까요? 이렇듯 힘들었던 때를 잊고, 잘난 체하는 경우를 빗댄 속담이에요.

이럴 때 써요

 세쌍둥이들아, 점프가 뭐가 어렵다고 그래?
누나는 울타리를 훌쩍 뛰어넘을 수 있어.

나는 지붕 위로 껑충 뛰어오를 수 있지!

 둘 다 어렸을 때는 계단 한 칸 못 올라가서
쩔쩔맸으면서, 개구리 올챙이 적 생각 못 하네.

이런 말도 있어요

거지가 밥술이나 뜨게 되면 거지 밥 한 술 안 준다
가난하게 살던 사람이 형편이 나아지면 오히려 가난한 사람을 돕지 않는다.
'밥술'은 밥숟가락을 말해요. '밥술이나 뜨다'는 사는 형편이 웬만큼 괜찮다는 말이고요. 그러니까 이 속담은 어렵다가 잘살게 된 사람이 자기보다 가난한 사람에게 작은 도움도 베풀지 않을 때 쓴답니다.

009 개똥도 약에 쓰려면 없다

✓ **가릉이의 후회**

매우 흔해서 귀하게 생각하지 않았던 것도,
막상 쓸 일이 생기면 구하기 어렵다.

'개똥'은 개의 똥을 뜻하면서 쓸데없는 것, 불쾌한 것, 엉터리인 것을 빗대는 말로 쓰기도 해요. 이 속담은 개똥처럼 흔하게 보던 하찮은 것도 찾으려고 하면 없다는 뜻이에요.

꾹꾹이야, 창고에 있던 비닐봉지 못 봤어?

며칠 전에 언니가 자리만 차지한다고 해서 내가 몽땅 버렸어.

개똥도 약에 쓰려면 없다더니, 엄마랑 마트 갈 때 장바구니로 쓰려고 했는데….

이런 말도 있어요

까마귀 똥도 약에 쓰려면 오백 냥이라
매우 흔해서 귀하게 생각하지 않았던 것도, 막상 쓸 일이 생기면 구하기 어렵다.
'냥'은 옛날에 돈을 세던 단위로, 500냥은 엄청 큰돈이지요. 그래서 이 속담은 까마귀 똥처럼 별 볼 일 없던 것도 필요해서 찾으면, 500냥이나 주고 사야 할 만큼 귀해진다는 뜻이에요.

010 계란으로 바위 치기

✅ **판다 선생님의 한숨 ①**

*권리: 어떤 일에 대해 당연히 달라고 말할 수 있는 힘, 자격 등.

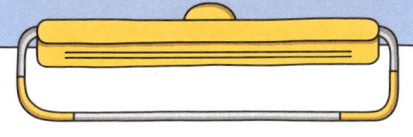

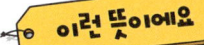

맞서 싸워 봤자
절대 이길 수 없다.

계란으로 바위를 치면 어떨까요? 계란만 깨지고 바위는 꿈쩍도 안 하겠지요? 그래서 이 속담은 맞서서 버티거나 싸워 봤자 도저히 이길 수 없는 경우를 가리켜요. 불가능한 일에 도전하려 할 때도 쓸 수 있어요.

지렁이야, 왜 자꾸 바위에 머리를 비비니?

바위를 뚫고 들어가려고. 바위 속에서 살면 아무도 나를 못 밟을 테니까.

네 머리로 바위를 뚫을 수 있다고 믿는 거야? 그건 계란으로 바위 치기야.

쥐구멍으로 소 몰려 한다

도저히 불가능한 일을 억지로 하려 한다.

쥐구멍으로 소를 몰아넣을 수 있을까요? 절대 안 되는 일로 보이지요? 그래서 이 속담은 불가능한 일을 억지로 하려는 것을 비꼴 때 써요.

011 고래 싸움에 새우 등 터진다

☑ **판다 선생님의 한숨 ❷**

강한 사람들끼리 싸우는 바람에
아무 상관없는 약한 사람이 중간에서 피해를 본다.

덩치 큰 고래끼리 싸울 때 그 사이에 낀 작은 새우의 등이 터진다는 말이에요. 힘센 사람들의 싸움에 휘말려 아무 상관도 없는 힘없는 사람이 피해를 입었을 때 쓰여요.

- 내일 네 생일인데, 생일 파티 안 해?
- 엄마랑 아빠랑 싸워서 집이 살얼음판*이야. 파티 하긴 글렀어.
- 고래 싸움에 새우 등 터진 거네? 억울하겠다.

애꿎은 두꺼비 돌에 맞다
남의 싸움에 아무 상관없는 사람이 피해를 본다.

'애꿎다'는 아무 상관이 없다는 뜻이에요. 싸움은 다른 동물들끼리 하는데 가만히 있던 두꺼비가 난데없이 날아온 돌을 맞는다면, 얼마나 억울할까요? 이 속담은 피해를 본 사람이 약하지 않을 때도 쓸 수 있어요.

*살얼음판: 매우 위태롭고 아슬아슬한 상황을 빗댄 말.

012 고생 끝에 낙이 온다

☑ **판다 선생님의 한숨 ❸**

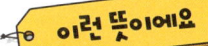

고생하고 난 뒤에는
반드시 좋은 일이 생긴다.

'낙'은 편안함, 즐거움, 재미 등을 뜻해요. 힘들게 고생하는 동안에는 느끼기 힘든 감정이지요. 이 속담에는 지금 당장은 어렵고 힘들더라도, 희망을 잃지 말고 꿋꿋하게 이겨 내라는 가르침이 담겨 있어요.

웬 수학 문제집?

100일 동안 날마다 공부해서, 수학 꼴찌에서 탈출할 거야!

내가 응원할게. 고생 끝에 낙이 올 거야.

이런 말도 있어요

낙숫물이 댓돌을 뚫는다
작은 힘이라도 꾸준히 계속하면 큰일을 이룰 수 있다.
'낙숫물'은 지붕의 처마 끝에서 떨어지는 물이에요. '댓돌'은 집 아래에 처마 안쪽까지 쌓는 돌이고요. 물이 돌을 뚫는 게 불가능해 보이지만 같은 곳에 계속 떨어지면 뚫을 수 있듯이 끈기를 가지면 작은 힘으로도 큰일을 이룰 수 있답니다.

고양이 목에 방울 달기

✓ **왈이네 규칙 ①**

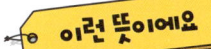 **이런 뜻이에요**

행동으로 옮기지도 못할 일을
쓸데없이 의논한다.

고양이가 언제 나타날지 몰라 벌벌 떨며 지내던 쥐들이 회의를 열었어요. 쥐들은 고양이 목에 방울을 달기로 하고, 방울 소리가 나면 재빨리 도망치자고 했지요. 하지만 누구도 방울을 달겠다고 나서지 못했답니다. 쥐들의 모습처럼 실천하지 못할 일을 가지고 이야기할 때 이 속담이 쓰이지요.

이럴 때 써요

모든 어린이는 행복을 누릴 권리가 있대.
그런데 나는 게임할 때 제일 행복해.

그럼 엄마께 7시 이후에 게임하게 해 달라고 말해 봐.

다시 말하지만, 고양이 목에 방울 달기야.

이런 말도 있어요

탁상공론(卓上空論) 〔사자성어〕
실제로 행동하지 못할 일을 두고 책상에 앉아 회의만 한다.
'높을' 탁(卓), '위' 상(上), '빌' 공(空), '논의할' 론(論). '탁상'은 책상을, '공론'은 아무 내용이 없는 토론을 뜻해요. 현실적으로 이루기 어려운 일에 대해 헛된 토론을 하는 모습을 말하지요.

014 공든 탑이 무너지랴

✅ **왈이네 규칙 ❷**

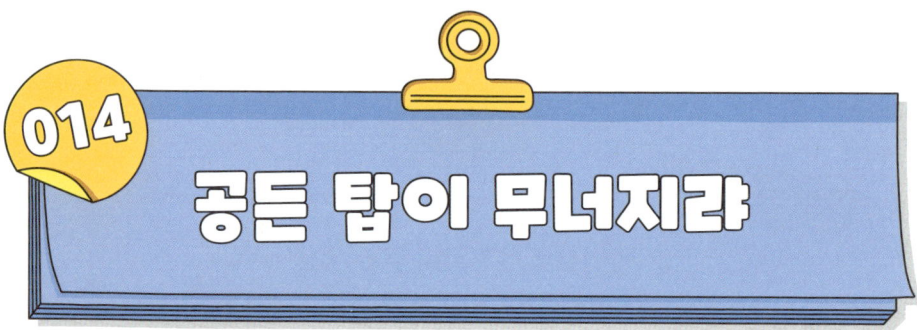

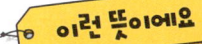 **이런 뜻이에요**

어떤 일에 온 힘을 다하고 정성을 쏟으면
그 결과가 나쁠 리 없다.

대충대충 쌓은 탑은 튼튼하지 못해서 무너지기 쉬워요. 하지만 정성껏 공들여 쌓은 탑은 튼튼해서 쉽게 무너지지 않지요. 그래서 이 속담에는 노력한 일의 결과는 반드시 헛되지 않으니 무슨 일이든 최선을 다하라는 가르침이 담겨 있어요.

이럴 때 써요

내가 회장이 되다니, 아직도 안 믿어져. 근데 넌 왜 그렇게 떨어?

오늘 수학 시험 보잖아. 내가 모르는 문제만 나올 것 같아.

100일 동안 날마다 수학 공부했잖아. 걱정 마. 공든 탑이 무너지랴!

이런 말도 있어요

무쇠도 갈면 바늘 된다
꾸준히 노력하면 어떤 어려운 일이라도 해낼 수 있다.
무쇠는 아주 단단한 금속이지만, 꾸준히 갈면 바늘로 만들 수도 있어요. 그 대신, 아주 열심히 갈아야 얇디얇은 바늘이 되겠지요? 이렇듯 아무리 어려운 일도 포기하지 않고, 계속 노력하다 보면 이룰 수 있다는 뜻이에요.

015 구르는 돌은 이끼가 안 낀다

✅ **헛수고**

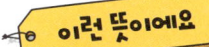

부지런히 노력하는 사람은
계속해서 발전한다.

'이끼'는 돌이나 나무 등에 달라붙어 사는 식물이에요. 습한 곳이라면 어디든지 잘 자라지만 돌이 계속 구른다면 이끼가 낄 틈이 없을 거예요. 깨끗한 모습을 유지하려면 부지런히 굴러야 하는 것이지요. 이처럼 사람도 성실하게 노력해야 발전한다는 가르침을 담고 있답니다.

Today is Friday.(오늘은 금요일이에요.)
Shall we have fun today?(오늘도 즐겁게 지내 볼까요?)

선생님, 왜 조례 시간마다 영어를 쓰세요?

선생님이 날마다 영어를 써야 여러분이 영어를 안 잊어버릴 것 같아서요. 구르는 돌은 이끼가 안 끼니까요.

이런 말도 있어요

일찍 일어나는 새가 벌레를 잡는다 (The early bird catches the worm) 〈외국 속담〉
부지런한 사람이 더 많은 기회와 이익을 얻을 수 있다.
숲에 사는 새 중에 일찍 일어나는 새가 더 많은 벌레를 잡아먹을 수 있겠죠? 일찍 일어나는 새처럼 사람도 부지런하게 살아야 기회가 생긴다는 뜻이 담긴 영어 속담이에요.

016 구슬이 서 말이라도 꿰어야 보배

☑ **딱지왕**

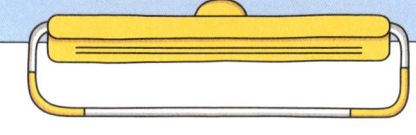

이런 뜻이에요

**아무리 좋은 것이라도 다듬어서
쓸모 있게 만들어야 값어치가 있다.**

'말'은 옛날에 부피를 나타내던 단위로, '서 말'은 약 55리터나 되는 많은 양이에요. '보배'는 아주 귀한 물건을 뜻하지요. 구슬이 서 말이면, 목걸이를 만들고도 남아요. 하지만 구슬을 실에 꿰지 않으면 목걸이가 될 수 없어요. 이렇듯 재료가 좋아도 다듬어야 가치가 생긴다는 뜻이에요. 사람의 재능도 갈고닦아야 빛을 발하지요.

이럴 때 써요

 너희 집에 동화책 되게 많다. 100권도 넘는 것 같아.

 내 꿈이 동화 작가거든. 근데, 아직 10권도 못 읽었어.

 이제부터 열심히 읽어. 구슬이 서 말이라도 꿰어야 보배라잖아.

이런 말도 있어요

솥에 넣은 팥이라도 익어야 먹지

일의 순서를 무시하고 서두르면 안 된다.

아무리 솥 안에 있는 팥이라도 익어야 먹을 수 있어요. 즉, 서두르지 않고 순서대로 시간과 노력을 들여야 원하는 것을 얻을 수 있다는 뜻이지요.

017 굼벵이도 구르는 재주가 있다

✅ **세쌍둥이의 재주 ❶**

아무리 능력이 없는 사람이라도 한 가지 재주는 있다.

'굼벵이'는 매미나 풍뎅이 같은 곤충들의 애벌레예요. 다리가 아주 짧아서 느릿느릿 움직이지만, 몇몇 종류의 굼벵이들은 구를 수 있지요. 이처럼 아무 재주가 없어 보이는 사람도 한 가지 재주는 가지고 있다는 뜻이에요.

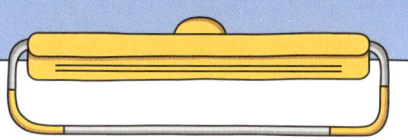

너 덧셈, 뺄셈은 잘 못 하면서, 구구단 문제는 왜 그렇게 잘 풀어?

내가 이해는 못 해도 외우는 건 잘하거든. 구구단 외우는 게 너무 쉽더라고.

굼벵이도 구르는 재주가 있구나.

우렁이도 두렁 넘을 꾀가 있다
어리석고 못난 사람도 한 가지 재주는 있다.

'우렁이'는 소라처럼 껍데기가 있는 연체동물*로, 논 등에 살아요. '두렁'은 불룩하게 만든 논이나 밭의 가장자리인데, 우렁이가 넘기엔 높지요. 이 속담은 작고 느린 우렁이도 두렁을 넘는 재주는 가졌다는 뜻이에요.

*연체동물: 몸에 뼈와 마디가 없는 동물.

018 까마귀 날자 배 떨어진다

✅ **세쌍둥이의 재주 ❷**

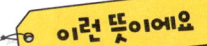 **이런 뜻이에요**

아무 관계가 없는 일이
동시에 일어나는 바람에 의심을 받는다.

배나무에 앉았던 까마귀가 날아가려는 순간, 우연히 배가 떨어졌어요. 그걸 본 농부는 까마귀 때문에 배가 떨어졌다고 생각했어요. 잘못 없는 까마귀가 괜스레 의심을 받게 된 것이지요. 그래서 이 속담은 관계없이 한 일 때문에 억울하게 의심받을 때 써요.

이럴 때 써요

 왈이야, 밤중에 냉장고 문은 왜 여니?
양치질하고 또 먹으면 안 된다니까.

냉장고에서 이상한 소리가 나서 열어 본 거예요.

 까마귀 날자 배 떨어진다고, 의심받을 행동은 하지 마.

이런 말도 있어요

참외밭에서 신발을 고쳐 신지 말라(瓜田不納履, 과전불납리) 〔외국 속담〕
남에게 의심받기 쉬운 행동을 하지 말라.

참외는 땅에서 퍼져 나가며 줄기를 뻗는 식물이에요. 참외밭에서 신발을 고쳐 신으려고 허리를 숙였다가는, 참외 도둑으로 몰릴 수 있어요. 그러니 괜한 오해를 살 행동은 하지 말라는 뜻이지요.

019 꼬리가 길면 밟힌다

✓ **세쌍둥이의 재주 ❸**

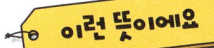 **이런 뜻이에요**

나쁜 일을 계속하면
결국 들킨다.

'꼬리를 밟히다'는 나쁜 행동으로 남긴 흔적을 들킨다는 뜻이에요. 따라서 이 속담은 꼬리가 긴 동물이 꼬리를 밟히기 쉽듯이 남몰래 자꾸 나쁜 짓을 하면, 한두 번은 괜찮을 수 있어도 결국에는 들키고 만다는 뜻이에요.

이럴 때 써요

 내 젤리가 자꾸 없어지는 것 같아. 쎄쌍둥이가 훔쳐 먹었나?

그런가 보네, 흐흐.

 잠깐! 너 이에 낀 거 뭐야? 젤리잖아! 꼬리가 길면 밟힌다고 했지!

이런 말도 있어요

뛰어야 벼룩

도망쳐 봐야 멀리 못 간다.

'벼룩'은 동물의 피를 빨아 먹고 사는 작은 곤충이에요. 작디작은 벼룩이 뛰어 봤자 얼마나 멀리 가겠어요? 그래서 이 속담은 아무리 도망쳐도, 크게 벗어나지 못하고 결국은 잡힌다는 뜻이에요.

020 꿩 먹고 알 먹는다

✅ 교장 선생님의 거짓말 ❶

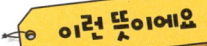 **이런 뜻이에요**

한 가지 일을 해서
두 가지 이상의 이익을 본다.

옛날에는 산길을 가다가 알을 품고 있는 꿩을 발견하면 운이 좋다고 생각했어요. 꿩이 알을 품느라 날아가지 않으니 쉽게 잡을 수 있고, 알까지 얻을 수 있으니까요. 그래서 이 속담은 한 가지 일로, 두 가지가 넘는 이익이 생길 때를 가리켜요.

이럴 때 써요

형, 그거 알아? 새로 나온 스마트폰을 사면, 게임기도 주고, 문화 상품권도 준대!

우아! 완전 꿩 먹고 알 먹는 거네! 하지만 우리한테는 아무 소용없어.

하긴, 엄마가 사 주실 리가 없지.

이런 말도 있어요

도랑 치고 가재 잡는다
한 가지 일로 두 가지 이익을 본다.

'도랑을 친다'는 작은 개울을 만들려고 돌을 옮기는 일이에요. 따라서 이 속담은 돌을 옮기다가 돌 밑에 있던 가재까지 잡았다는 말로, 두 가지 이익을 한 번에 얻었을 때 쓰지요.

ㄱ 속담 퀴즈

빈칸을 채워 가로세로 낱말 퀴즈를 풀어 보세요.

가로

1. ○○는 게 편
3. ○○○이 고와야 오는 말이 곱다
4. 애○○ 두○○ 돌에 맞다
5. ○○도 갈면 바늘 된다
6. 고래 싸움에 ○○ 등 터진다
8. 계란으로 ○○ 치기
10. ○○○ 목에 방울 달기
11. ○○○○은 이끼가 안 낀다
12. 가는 날이 ○○

세로

1. ○○○○○○에 바람 잘 날이 없다
2. 구슬이 ○ ○이라도 꿰어야 보배
3. ○○○에 옷 젖는 줄 모른다
7. ○○○도 두렁 넘을 꾀가 있다
8. ○○○○으로 황소바람 들어온다
9. 낙숫물이 ○○을 뚫는다
10. ○○ 끝에 낙이 온다

48

			1					2	
						3			
	⁴애			두					
			5					6	7
8									
			9				10		
11							12		

가로 1 가지개 | 3 가는 물 | 4 애벌레 드라마 | 6 새우 | 8 타위 | 10 고양이 둘 | 11 드론 돌 | 12 수업

세로 1 가지 않는 나무 | 2 사 달 | 3 강아지 | 7 우정이 | 8 대파르강 | 9 수종 | 10 고등

초성을 보고, 빈칸을 채워 속담을 완성해 보세요.

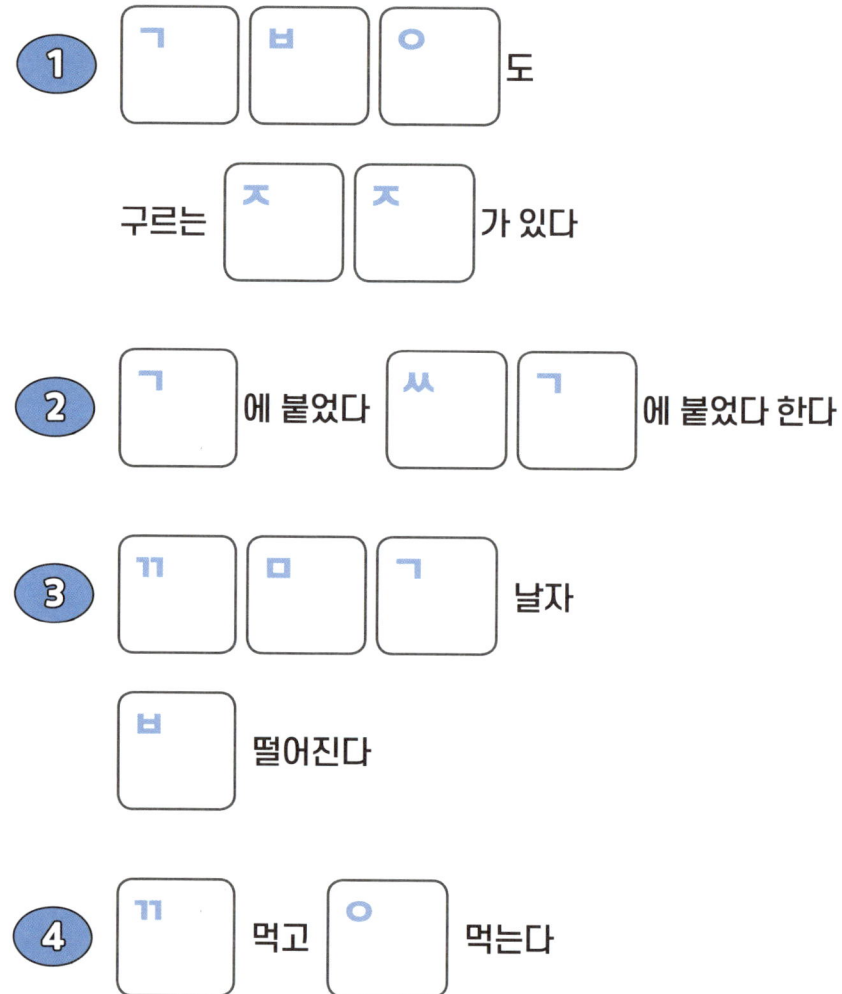

1 공든이, 재호 | 2 간, 쓸개 | 3 까마귀, 배 | 4 꿩, 알

왼쪽의 상황과 어울리는 속담을 찾아 연결해 보세요.

ㄱ. 개똥도 약에 쓰려면 없다

ㄴ. 꼬리가 길면 밟힌다

ㄷ. 같은 값이면 다홍치마

1-ㄴ | 2-ㄱ | 3-ㄷ

✅ 교장 선생님의 거짓말 ❷

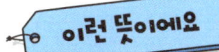

혼자 무리에서 떨어져 외톨이가 된 신세.

이 관용구에 대해 전해지는 여러 가지 이야기 중 하나를 소개할게요. 옛날부터 낙동강에 오리가 많아서 오리알도 많았어요. 그런데 오리알은 맛없어서 아무도 주워 가지 않았대요. 그렇게 남겨진 오리알이 가엾은 외톨이처럼 보여서 생겨난 말이에요.

 너 축구 선수 발로차 알지?

 알지! 이번에 해외 축구팀에 들어갔잖아.

 맞아. 그래서 낙동강 오리알이 될까 봐 걱정이야. 그 팀에서 발로차 선수만 원숭이래.

이런 말도 있어요

개밥에 도토리

무리에 끼지 못하고 따돌림을 받는 사람.

개는 도토리를 먹지 않아요. 그래서 개밥에 도토리가 섞여 있으면 도토리만 남기지요. 개의 밥그릇에 남아 있는 도토리처럼 외톨이가 된 사람을 뜻해요.

022 남의 눈에 눈물 내면 제 눈에는 피눈물이 난다

✅ 깡총이와 늘보 ❶

남에게 나쁜 짓을 하면
그보다 더한 벌을 받게 된다.

'피눈물'은 몹시 억울하고 슬퍼서 흘리는 눈물이에요. 이 속담은 다른 사람의 눈에서 눈물이 날 만큼 고통을 주면 나는 그보다 더한 고통을 당해 피눈물을 흘리게 된다는 뜻이지요.

쟤는 줄 설 때마다 새치기해.
판다 선생님께 이를까?

우리 다 같이 쟤랑 놀지 말까?

그래도 따돌림은 안 돼.
남의 눈에 눈물 내면 제 눈에는 피눈물이 난다고.

이런 말도 있어요

가는 방망이 오는 홍두깨

남에게 나쁜 짓을 하면 그보다 더 크게 해를 당한다.
'홍두깨'는 옛날에 옷감을 두드려 필 때 쓰는 단단한 나무예요. 내가 방망이로 남을 때리면, 그 사람은 방망이보다 더 단단한 홍두깨로 나를 때린다는 뜻이지요. 남에게 나쁜 짓을 하지 말라는 가르침이 담겨 있어요.

023 남의 손의 떡은 커 보인다

☑ 깡총이와 늘보 ❷

내 것보다 남의 것이 더 좋아 보이고, 내 일보다 남의 일이 더 쉬워 보인다.

똑같은 물건이라도, 다른 사람이 가진 물건이 더 크고 좋아 보일 때가 있어요. 비슷한 일을 하는데도, 다른 사람이 나보다 쉬운 일을 하는 것처럼 느껴질 때도 있지요. 이런 경우를 빗댄 속담으로, 남의 것을 욕심내기보다 가진 것에 감사하라는 가르침이 담겨 있어요.

내가 신발 정리할 테니까, 네가 분리수거할래?

언니, 신발 정리가 더 쉬워 보여서 그러지?

눈치챘구나? 남의 손의 떡은 커 보인다잖아. 히히!

이런 말도 있어요

남의 밥에 든 콩이 굵어 보인다
내 것보다 남의 것이 더 좋아 보이고, 내 일보다 남의 일이 더 쉬워 보인다.
콩밥을 먹는데, 크기가 같아도 옆 사람의 밥에 든 콩이 더 커 보인다는 말이에요. '남의 손의 떡은 커 보인다'와 같은 뜻을 가진 속담이지요.

024 남의 잔치에 감 놓아라 배 놓아라 한다

✓ **깡총이와 늘보 ❸**

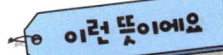

아무 상관없는 남의 일에
쓸데없이 참견한다.

남의 잔치에서 이러쿵저러쿵 참견한다는 뜻이에요. 잔칫상에 왜 고기가 없냐는 둥, 인절미보다 무지개떡이 더 좋았을 거라는 둥, 쓸데없이 끼어들어 나선다는 말이지요. 이렇듯 남의 일에 괜히 참견하는 사람에게 쓰는 속담이에요.

너 콩이 생일 파티에 초대받았다며?
콩이한테 생일 선물 뭐 줄 거야? 스티커 어때?
아니다, 슬라임 어때? 아니면, 색연필?

왈이야, 남의 잔치에 감 놓아라 배 놓아라 하지 마!

이런 말도 있어요

남의 일에 흥야항야한다
아무 상관없는 남의 일에 쓸데없이 참견한다.
'흥야항야하다'는 '흥이야항이야하다'의 줄임말로, 이래라저래라 한다는 뜻이에요. '남의 잔치에 감 놓아라 배 놓아라 한다'와 같은 뜻을 가진 속담이지요.

025 낫 놓고 기역 자도 모른다

☑ 깡총이와 늘보 ❹

배우지 않은 데다 보고 듣지 못하여
아는 것이 아주 없다.

'낫'은 풀이나 벼를 벨 때 쓰는 농기구로, 'ㄱ' 자 모양으로 생겼어요. 그런 낫을 옆에 놓고도 한글의 자음 글자인 'ㄱ'을 모를 정도로, 무식하다는 뜻이에요.

세쌍둥이들, 누나랑 덧셈 공부하자.
2 더하기1은 얼마지? 힌트는 너희 셋!

우리 셋? 음…, 음…, 잘 모르겠어.

너희들 정말이지, 낫 놓고 기역 자도 모르는구나?

이런 말도 있어요

흰 것은 종이요 검은 것은 글씨라
무식하여 글을 알아보지 못함을 놀리는 말.
흰 종이 위에 검은 글씨가 쓰여 있는데, 글을 읽을 줄 몰라서 색깔만 구분한다는 말이에요. 글을 모르는 무식한 사람을 놀릴 때 쓰는 속담이지요.

낮말은 새가 듣고 밤말은 쥐가 듣는다

✅ 멍이의 누나들 ❶

이런 뜻이에요

어떤 말이든 남의 귀에 들어가는 게 당연하니, 말조심해야 한다.

'낮말'은 낮에 하는 말이고, '밤말'은 밤에 하는 말이에요. 낮이든 밤이든, 누군가는 내 말을 듣고 있다는 것이지요. 그러니 아무도 안 듣는 곳에서 말했어도 어느새 남이 알게 되니 말조심을 해야 한다는 뜻이에요. 특히, 남을 흉보는 말은 더욱 하지 말아야 해요.

이럴 때 써요

교장 선생님 고집 때문에 힘들어요.
판다 선생님은 괜찮아요?

뒤에서 교장 선생님 흉보는 건 나빠요.
낮말은 새가 듣고 밤말은 쥐가 들어요.

휴, 선생님 말씀이 맞네요.

이런 말도 있어요

벽에도 귀가 있다
비밀은 없기 때문에 함부로 말해서는 안 된다.
벽에도 귀가 있을 정도로, 누군가는 내 말을 듣고 있다는 뜻이에요. 어떤 비밀이든 새어 나가는 게 당연하니, 함부로 말하지 말라는 것이지요.

027 내 코가 석 자

☑ **멍이의 누나들 ❷**

내 일이 더 급하고 어려워서
남을 돌볼 여유가 없다.

'코'는 '코를 푼다'는 말에서처럼 콧물을 뜻해요. '석'은 3, '자'는 옛날에 길이를 나타내던 단위로, '석 자'는 90센티미터가 넘지요. 그러니까 이 속담은 콧물이 아주 길게 흐르는 만큼 내 사정이 급해 남을 챙길 수 없다는 뜻이랍니다.

꾹꾹이야, 학원 가는 길에 쓰레기 좀 버려 줄래?

꾹꾹이야, 학원 가는 길에 도서관에 가서 책 좀 반납해 줘.

지금 내 코가 석 자야! 학원 늦었단 말이야.

이런 말도 있어요

발등에 불 떨어지다 `관용구`

어떤 일이 몹시 급하게 닥치다.

발등에 불이 떨어지면 어떻게 할까요? 뜨거운 불을 끄는 게 가장 먼저겠지요? 이렇게 닥친 일을 해결하느라 몹시 급한 상황에서 쓰는 관용구예요.

028 누워서 침 뱉기

✅ **멍이의 누나들 ❸**

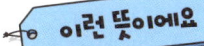
이런 뜻이에요

남에게 해를 입히려다가
도리어 내가 해를 입는다.

남에게 침을 뱉는 행동은 깔보고 무시한다는 뜻이에요. 그런데 누워서 침을 뱉으면 내 얼굴이 더러워져요. 뱉은 침이 고스란히 내 얼굴에 떨어지니까요. 이렇듯, 내가 한 나쁜 말이나 섣부른 행동에 도리어 스스로 해를 입을 때를 가리키는 속담이에요.

이럴 때 써요

늘보는 너무 느려. 육상부가 어쩜 저렇게 느릴 수 있지?

탁구부면서 나한테 탁구를 한 번도 못 이긴 친구도 있는데, 뭐.

그거, 내 얘기잖아? 쩝, 내가 한 말이 누워서 침 뱉기였네.

이런 말도 있어요

자업자득(自業自得) (사자성어)
내가 저지른 일의 결과를 내가 받는다.
'스스로' 자(自), '일' 업(業), '스스로' 자(自), '얻을' 득(得). 내가 벌인 일의 결과가 고스란히 나에게 돌아온다는 뜻의 사자성어예요. 내 행동의 결과를 스스로 받아들여야 한다는 가르침을 담고 있지요.

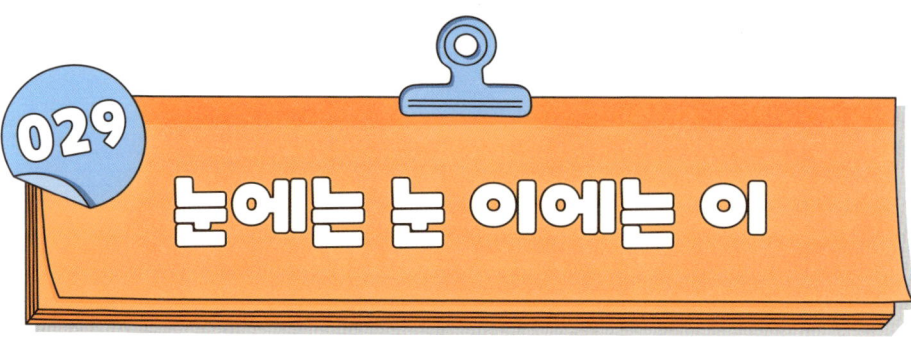

029 눈에는 눈 이에는 이

✅ **첫눈 오는 날 ❶**

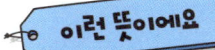 **이런 뜻이에요**

피해를 입은 만큼
앙갚음한다.

상대가 내 눈을 아프게 했으면 나도 상대의 눈을, 이를 아프게 했으면 나도 상대의 이를 아프게 한다는 말이에요. 내가 피해를 입은 만큼 상대에게 똑같이 되돌려 줄 때 쓰는 속담이지요.

이럴 때 써요

 세쌍둥이들, 앞으로 내 크레파스 쓰지 마.

누나도 우리 블록 장난감 가지고 놀지 마.

 요것 봐라? 눈에는 눈 이에는 이라는 거야?

이런 말도 있어요

돌로 치면 돌로 치고 떡으로 치면 떡으로 친다
남이 나를 대하는 것처럼 나도 남을 대한다.
상대가 나를 돌로 치면 나도 상대를 돌로 치고, 상대가 나를 떡으로 치면 나도 상대를 떡으로 쳐서 되돌려준다는 뜻이에요. 남이 나를 어떻게 대하는지에 따라 태도를 다르게 할 때 쓰여요.

030 다 된 죽에 코 풀기

✅ **첫눈 오는 날 ❷**

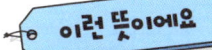 이런 뜻이에요

거의 다 된 일을 망쳐 버리다.

기껏 정성 들여 끓인 죽에 콧물을 빠뜨리는 바람에 못 먹게 되었다는 뜻이에요. 거의 다 된 일을 망쳐 버리는 엉뚱하거나 신중하지 못한 행동을 가리켜요. 다른 사람이 해 놓은 일을 일부러 방해할 때도 쓸 수 있어요.

 이럴 때 써요

 언니 이것 봐. 프로펠러만 달면 조립 비행기 완성이야.

어머나! 미안해. 만져만 보려고 했는데, 비행기가 망가졌네….

 지금 다 된 죽에 코 푼 거 알아?

이런 말도 있어요

초를 치다 `관용구`

잘되고 있거나, 잘되려는 일을 방해해서 일이 잘못되게 만들다.
'초'는 식초를 가리키는 말이고, '치다'는 뿌린다는 뜻이에요. 맛있게 만든 음식에 느닷없이 식초를 뿌려서 음식 맛을 망친다는 말로, 잘되고 있는 일에 해를 끼쳤을 때 쓰여요.

031 다람쥐 쳇바퀴 돌듯

✅ **곧 중학생이 되니까 ①**

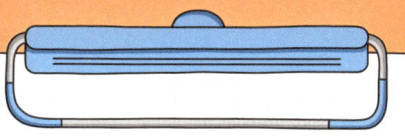

이런 뜻이에요

**앞으로 나아가거나 발전하지 못하고
제자리걸음만 한다.**

가루를 곱게 칠 때 사용하는 체의 둘레에 널빤지를 둥글게 두른 것을 '쳇바퀴'라고 해요. 다람쥐가 쳇바퀴 안에서 달리면 쳇바퀴가 돌아갈 뿐 위치는 제자리지요. 이 속담은 아무런 발전 없이 똑같은 일만 되풀이하는 경우를 가리켜요.

엄마는 왜 밤마다 혼자서 커피를 마셔요?

하루 종일 다람쥐 쳇바퀴 돌듯 일하고 나면,
혼자만의 시간이 갖고 싶거든.

잠자기 전에 커피를 마시면 잠이 안 온대요.
따뜻한 우유를 드세요.

이런 말도 있어요

판에 박은 듯하다 관용구
물건의 모양이 같거나 똑같은 일이 되풀이된다.
붕어빵을 만들 때 똑같이 생긴 판에 반죽을 넣어 누르지요? 이렇듯 같은 모양의 판에 박은 것처럼 서로 모양이 똑같거나, 똑같은 일을 반복한다는 뜻이에요.

032 달도 차면 기운다

✅ **곧 중학생이 되니까 ❷**

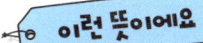 **이런 뜻이에요**

세상 모든 것이 한번 번성하면
다시 그 힘이 줄어든다.

'기울다'는 해나 달이 진다는 뜻이에요. 달이 꽉 차서 커다란 보름달이 되고 나면, 점점 작아져 반달이나 초승달이 돼요. 그렇듯 세상 모든 것은 기운이나 세력이 강해지고 나면 점점 약해지기 마련이라는 말이에요.

이럴 때 써요

 지난 시험에 수학을 100점 맞고, 이번에는 국어를 100점 맞았어. 다음 시험에는 과학을 100점 맞을 거야.

넌 꼭 해낼 거야.

 내 생각은 달라. 달도 차면 기운다는데, 멍이가 계속 100점을 맞을 수 있겠어?

이런 말도 있어요

메뚜기도 유월이 한철이다
누구나 한창 활동할 수 있는 시기가 얼마 되지 않는다.
메뚜기는 음력*으로 6월에 떼를 지어 활기 있게 뛰어다녀요. 그때가 지나면 메뚜기를 보기 힘들지요. 그래서 이 속담은 누구나 한창 활동할 시기가 짧으니, 그때를 놓치지 말라는 뜻이에요.

*음력: 우리나라 전통의 달력 보는 방법.

033 달면 삼키고 쓰면 뱉는다

✅ **축구 후보 선수**

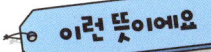

옳은 일이나 의리가 아닌 자기 이익만 꾀한다.

입안에 들어온 단것만 먹고 쓴 것은 뱉어 버린다는 말이에요. 단것은 나에게 이익이 되는 일이고, 쓴 것은 손해가 되는 일을 가리키지요. 그래서 이 속담은 자기의 이익만을 생각하여 행동할 때 사용해요.

이럴 때 써요

왈이야, 형 스마트폰 충전하는 동안, 네 것 좀 빌려주면 안 돼?

알았어. 천천히 돌려줘도 돼.

휴, 네 스마트폰 진짜 느려. 속 터져서 못 쓰겠어. 도로 가져가.

충전 다 됐다고 내 스마트폰 무시하지 마! 달면 삼키고 쓰면 뱉는 거야?

이런 말도 있어요

토사구팽(兔死狗烹) (사자성어)
필요할 때는 쓰고 필요 없을 때는 인정 없이 버린다.
'토끼' 토(兔), '죽을' 사(死), '개' 구(狗), '삶을' 팽(烹). 토끼를 잡은 후에 사냥개가 필요 없어지면, 사냥개마저 잡아먹는다는 말이에요. 꼭 필요했던 것도 쓸모가 없어지면 인정사정없이 버린다는 뜻이지요.

034 닭 잡아먹고 오리발 내놓기

✅ **축구 말고 야구**

*강속구: 야구에서, 투수가 던지는 빠르고 강한 공.

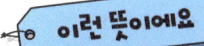 **이런 뜻이에요**

잘못을 저질러 놓고, 엉뚱한 말이나 행동으로 속여 넘기려 한다.

남의 닭을 잡아먹고는 닭 주인에게 오리발을 내놓으며, "닭이 아니라 오리를 잡아먹었는데요?" 하고 모르는 체한다는 말이에요. 말도 안 되는 소리로 자기 잘못을 덮으려 할 때 쓰이지요. 얕은꾀로 잘못을 덮을 수는 없다는 뜻이 담겨 있어요.

이럴 때 써요

 꾹꾹이 너, 왜 내 방에 있어? 또 내 일기장 훔쳐봤지?

아닌데? 지우개 찾고 있었는데?

 책상 서랍에 넣어 둔 일기장이 책장에 꽂혀 있는데, 닭 잡아먹고 오리발 내놓을래?

이런 말도 있어요

손바닥으로 하늘 가리기
불리한 상황에서 문제의 원인은 해결 못 하고 그때그때 그 자리에서 처리한다.
작은 손바닥으로 커다란 하늘을 가릴 수 있을까요? 손으로 눈을 가리면 내 눈에는 안 보이지만, 하늘을 가렸다고 할 수 없지요. 이렇듯 안 좋은 상황을 제대로 해결하지 않고 얕은꾀로 넘어가려고 할 때 쓰는 속담이에요.

035 닭 쫓던 개 지붕 쳐다보듯

✅ **꾹꾹이의 꿈**

"일요일인데 웬일로 안 나가 놀고, 책을 읽어?"
"엄마, 제 꿈이 뭔지 알죠?"

"동화 작가 되는 게 네 꿈이잖아."
"네! 근데 도서관에 동화 쓰기 교실이 생긴대요!"

"동화 쓰기 교실에서 수업을 잘 따라가려면 동화책을 많이 읽어야 해요."
"우리 딸이 그래서 이렇게 열심이구나."

공고문
○○도서관
동화 쓰기 교실은 신청자가 많아, 일찍 마감되었습니다.

"닭 쫓던 개 지붕 쳐다본다는 게 이런 거구나."

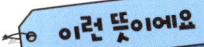
이런 뜻이에요

애써 하던 일이 실패로 돌아가거나 남보다 뒤떨어져 어찌하지 못한다.

쫓던 닭이 훌쩍 지붕 위로 올라가 버리면, 높이 뛰어오르지 못하는 개는 지붕만 쳐다보게 된다는 말이에요. 그래서 이 속담은 열심히 하던 일이 실패로 돌아가, 어찌할 방법이 없는 경우를 가리켜요.

이럴 때 써요

멍이야, 같은 수비수로서 누나가 축구할 때 어땠는지 분석해 줄래?

오늘 잘했는데 상대 팀 공격수를 막다가 놓치니까 누나 표정이 닭 쫓던 개 지붕 쳐다보듯 하더라.

날카로운 분석이군. 앞으로 표정 관리 좀 해야겠어.

이런 말도 있어요

닭 쫓던 개 울타리 넘겨다보듯
애써 하던 일이 실패로 돌아가거나 남보다 뒤떨어져 어찌하지 못한다.
닭이 울타리를 넘어 도망치면, 쫓아가던 개는 울타리를 넘겨다볼 뿐이에요. 그래서 이 속담은 '닭 쫓던 개 지붕 쳐다보듯'과 같은 뜻으로 쓰여요.

036 도둑이 제 발 저리다

✅ **학원 빠진 날**

죄를 지으면 누가 뭐라고 안 해도
마음이 조마조마하다.

'저리다'는 몸의 한 부분이 오래 눌려서 감각이 둔하고 아리다는 뜻이에요. 도둑질을 하면 잔뜩 긴장해서 발까지 저리다는 것이지요. 죄를 감추면 들통날까 봐 불안한 게 당연해요. 그러니 죄를 짓지 말아야 하고, 만약 잘못을 저질렀다면 솔직히 털어놓는 것이 좋아요.

깡총이야, 교실에서 구린내 나지 않아? 누가 방귀 뀌었나?

도둑이 제 발 저리다더니, 네가 뀌었구나?

아냐, 아냐. 내 방귀는 냄새 하나도 안 나.

이런 말도 있어요

도둑이 포도청 간다
지은 죄를 숨기려다가 도리어 죄를 드러낸다.
'포도청'은 조선 시대에 범죄자를 잡아들이던 곳이에요. 지금의 경찰서와 비슷하지요. 이 속담은 도둑이 안 들키려고 한 행동 때문에 포도청에 간다는 말로, 죄를 짓고 불안해서 한 말이나 행동으로 오히려 죄가 드러난다는 뜻이에요.

037 돌다리도 두들겨 보고 건너라

✅ **엄마의 마음 ❶**

 **이런 뜻이에요**

잘 아는 일이라도 다시 한번
확인하고 조심해야 한다.

돌다리는 튼튼해서 무너지지 않을 것 같아도, 혹시 모르니 두들겨 보고 건너라는 말이에요. 아무리 확실한 일이라도 신중하게 확인해야 더욱 안전하겠지요. 어떤 일이든지 꼼꼼하게 살피고 행동하는 태도가 실수를 막아 준답니다.

 **이럴 때 써요**

왈이야, 체험 학습 준비물 다 챙겼니?

어젯밤에 미리 다 챙겨 놓고 잤는걸요.

돌다리도 두들겨 보고 건너라는 말이 있어.
알림장 보면서 다시 한번 확인해 봐.

이런 말도 있어요

아는 길도 물어 가랬다
잘 아는 일이라도 다시 한번 확인하고 조심해야 한다.
아는 길을 갈 때도 꼼꼼하게 확인하라는 말이에요. 쉬운 일이라고 만만하게 보다가는 오히려 실수하기 쉽다는 뜻이지요. '돌다리도 두들겨 보고 건너라'와 같은 뜻을 가졌어요.

038 되로 주고 말로 받는다

✅ **엄마의 마음 ❷**

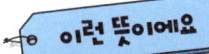 **이런 뜻이에요**

조금 주고 그 대가로 훨씬 더 많이 받는다.

'되'와 '말'은 옛날에 부피를 나타내던 단위예요. 되보다 말이 훨씬 큰 단위로, '열 되'가 모여야 '한 말'이지요. 그래서 이 속담은 한 되를 주고 열 되를 돌려받는다는 말이에요. 좋은 일을 하고 더 큰 보답을 받았거나 나쁜 일을 하고 더 큰 앙갚음을 당했을 때 써요.

 **이럴 때 써요**

잘 봐. 색연필에 내 이름표 붙어 있지? 이제 너희 마음대로 쓰지 마.

우리가 텔레비전이랑 컴퓨터에 이름표 붙여 놓은 거 알지? 누나는 그거 다 마음대로 쓰지 마.

헉, 되로 주고 말로 받았네.

 **이런 말도 있어요**

오랜 원수를 갚으려다가 새 원수가 생겼다
어떤 일에 보복을 하면 더 안 좋은 일을 당하게 된다.
원수에게 보복을 했다가, 그 일로 인해 피해를 본 다른 사람이 나를 원수로 여기게 되었다는 말이에요. 보복을 하면 더욱 안 좋은 일이 생기므로, 앙갚음을 하지 말라는 뜻이 담겨 있지요.

될성부른 나무는 떡잎부터 알아본다

✅ **엄마의 마음 ❸**

크게 될 사람은 어려서부터 잘될 티가 난다.

'될성부르다'는 잘될 가능성이 보인다는 뜻이에요. '떡잎'은 씨앗에서 싹이 트면서 처음 나오는 잎으로, 영양분을 저장하고 있어요. 떡잎에 영양분이 충분히 들어 있으면 튼튼한 나무로 자라지요. 사람도 떡잎처럼 어린 시절을 보면 훌륭한 어른이 될지 알 수 있다는 의미예요.

왈이야, 너 탁구부 그만두고 축구부 들어오는 거 어때?

내가 탁구에 재능이 없어 보이는 거야, 아니면 축구에 재능이 있어 보이는 거야?

축구한 지 얼마 안 됐는데도, 공을 차는 실력이 훌륭해서. 될성부른 나무는 떡잎부터 알아본다잖아.

이런 말도 있어요

용 될 고기는 모이 철부터 안다
크게 될 사람은 어려서부터 잘될 티가 난다.
'모이'는 물고기의 새끼예요. 그러니까 크게 될 물고기는 새끼 때부터 알아볼 수 있다는 뜻이에요. '될성부른 나무는 떡잎부터 알아본다'와 같은 뜻을 가진 속담이지요.

040 두 손뼉이 맞아야 소리가 난다

✓ **가족회의**

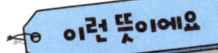

무슨 일이든 서로 뜻이 맞아야 일이 된다.

'손뼉'은 손바닥과 손가락을 합친 전체 바닥을 뜻해요. 박수를 칠 때 두 손바닥이 부딪쳐야 소리가 나듯이, 무슨 일이든 두 편에서 서로 뜻이 맞아야 이루어질 수 있다는 의미의 속담이에요.

꾹꾹이야, 나랑 슬라임 놀이할래?

좋아! 일단 넓게 펼쳐 보자.
근데, 이거 불량품 아니야? 왜 이렇게 안 펴져?

너랑 나랑 같은 쪽으로 당겨서 그래.
두 손뼉이 맞아야 소리가 난다고.

이런 말도 있어요

도둑질을 해도 손발이 맞아야 한다
무슨 일이든 서로 뜻이 맞아야 일이 된다.
'손발이 맞다'는 함께 일을 하는 데에 마음이나 의견, 행동이 서로 잘 맞는다는 뜻이에요. 그래서 이 속담은 하물며 도둑질을 하더라도, 한마음으로 힘을 합쳐야 일이 된다는 말이지요.

041 등잔 밑이 어둡다

✅ **숙제 ❶**

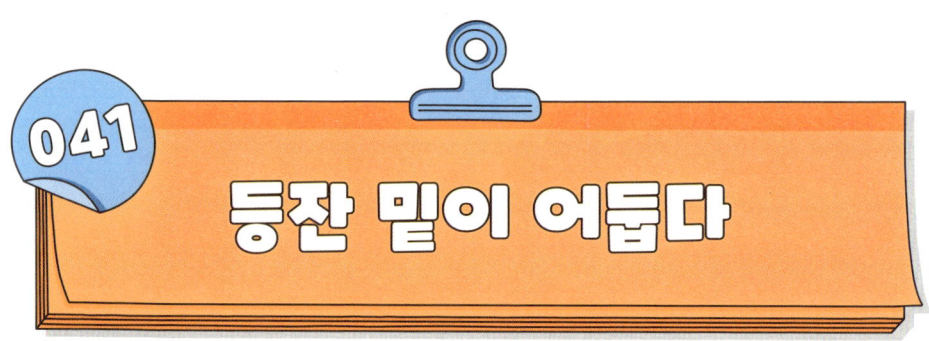

가까이 있는 것을 오히려 알아보기 어렵다.

'등잔'은 옛날에 기름을 담아 불을 켜던 그릇인데, 등잔 밑은 그늘져서 어두워요. 그래서 만약에 밤에 바느질을 하다가 등잔 밑에 바늘을 떨어뜨리면 찾기가 어렵겠지요. 이렇듯 가까운 곳에서 일어난 일을 눈치채지 못한 상황을 빗댄 속담이에요. 가까운 사람에 대해 잘 알지 못할 때도 쓸 수 있어요.

꾹꾹이야, 뭐 찾아?

고양이 퍼즐을 거의 다 맞췄는데, 아무리 찾아도 눈동자 조각이 없어.

네가 깔고 앉아 있잖아. 등잔 밑이 어둡다는 말이 맞네.

이런 말도 있어요

업은 아이 삼 년 찾는다
가까이 있는 줄 모르고 엉뚱한 곳에서 한참 찾는다.
아이가 등에 업혀 있는지도 모르고, 3년이나 찾아 헤맨다는 말이에요. 무엇을 갖고 있거나 가까이 둔 걸 까맣게 잊어버리고 오랫동안 찾을 때 쓰지요.

떡 줄 사람은 꿈도 안 꾸는데 김칫국부터 마신다

✅ 숙제 ❷

해 줄 사람은 생각지도 않는데, 혼자 넘겨짚어 미리부터 기대한다.

옛날부터 떡을 먹을 때 목이 막히지 않도록 김칫국과 함께 먹고는 했어요. 이 속담은 떡을 가진 사람은 나눌 생각이 없는데, 당연히 줄 거라고 기대하고 미리 김칫국부터 마신다는 뜻이에요. 상대방은 생각지도 않는데, 지레짐작하여 미리 바라는 행동을 빗댄 속담이지요.

너 용돈 줄었다고 했지? 내 생일 선물은 딱지 하나면 돼.

난 네 생일이 언제인지도 모르는걸?

쩝, 떡 줄 사람은 꿈도 안 꾸는데 김칫국부터 마셨네.

이런 말도 있어요

떡방아 소리 듣고 김칫국 찾는다
해 줄 사람은 생각지도 않는데, 혼자 넘겨짚어 미리부터 기대한다.
'떡방아'는 떡을 만들기 위해 곡식을 빻는 도구를 뜻해요. 이웃에서 떡방아 소리가 나자, 당연히 떡을 나눠 줄 줄 알고 김칫국부터 준비한다는 말이지요.

043

✓ 제발! ❶

자기 일이 급할 때는 간절히 매달리다가
일을 마치면 모른 체한다.

똥이 급한 사람에게 화장실을 먼저 쓰게 해 줬는데, 똥을 누고 나와서는 고맙다는 인사도 없이 쌩 가 버리면 참 얄밉겠지요? 이렇듯 자기 일이 아주 급할 때는 도와 달라고 매달리다가, 그 일이 무사히 끝나면 태도를 싹 바꾸는 사람을 꼬집는 말이에요.

 방 청소하는 거 도와주면 아이스크림 사 줄게.

똥 누러 갈 적 마음 다르고 올 적 마음 다르다더라? 그러니까 아이스크림 먼저 사 줘.

 아이스크림 먹고 나서 딴말하기 없기다?

좋을 땐 외삼촌 하고 나쁠 땐 돌아선다
이익이 될 때는 다정하게 굴다가 그렇지 않을 때는 모른 체한다.
나한테 도움이 될 때는 다정한 외삼촌처럼 굴다가, 도움이 안 될 때는 남처럼 돌아선다는 말이에요. 이익에 따라 행동을 달리할 때 쓰지요.

044 똥 묻은 개가 겨 묻은 개 나무란다

✅ **제발! ❷**

자기는 더 큰 흠이 있으면서 도리어 남의 작은 흠을 지적한다.

'겨'는 곡식을 찧어 벗겨 낸 껍질로, 까슬까슬해서 여기저기 잘 달라붙어요. 이 속담은 똥 묻은 개가 자기 몸 더러운 줄은 모르고 겨 묻은 개에게 지저분하다고 손가락질한다는 말이에요. 자기는 더 큰 부족함이 있으면서 다른 사람의 작은 잘못이나 부족한 점을 꼬집어 말한다는 뜻이지요.

아, 잘 먹었다. 꺽!

형! 밥 먹고 트림 좀 하지 마. 더러워.

똥 묻은 개가 겨 묻은 개 나무라네? 너야말로 아무 때나 방귀 좀 뀌지 마.

숯이 검정 나무란다
나의 모자란 점은 생각하지 않고 남의 모자란 점을 들춰낸다.
'나무라다'는 상대방의 잘못이나 부족한 점을 꼬집어 말한다는 뜻이에요. 검은 것 중에서도 가장 검은 숯이 다른 것을 보고 시커멓다고 지적한다는 말이지요.

045 뛰는 놈 위에 나는 놈 있다

✅ 전학생 구리구리 ❶

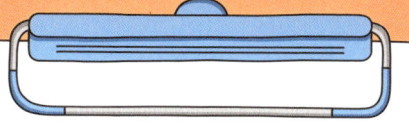

이런 뜻이에요

아무리 재주가 뛰어나도 그보다 더 뛰어난 사람이 있다.

내가 가진 재주를 뽐내거나 내 실력이 최고라고 잘난 체하다가, 그보다 더 뛰어난 사람을 만났을 때 쓰는 속담이에요. 스스로 자랑하며 뽐내지 말고 겸손하라는 가르침이 담겨 있지요.

이럴 때 써요

 나는 7살 때 구구단을 외워서 수학 천재라고 소문났었어.

난 7살 때 두 자릿수 곱셈을 했어. 구구단은 5살 때 외웠고.

 헉, 뛰는 놈 위에 나는 놈 있다더니….

이런 말도 있어요

벼 이삭은 익을수록 고개를 숙인다
교양을 쌓을수록 겸손해지기 마련이다.
'벼'의 꽃대 끝인 '이삭' 부분에 열리는 열매가 쌀이에요. 벼 이삭에 쌀이 열리면, 벼가 무거워져서 고개를 숙이지요. 이 속담은 지식이 많고 성품이 훌륭한 사람일수록, 남 앞에서 고개를 숙일 만큼 겸손해진다는 뜻이에요.

빈칸을 채워 가로세로 낱말 퀴즈를 풀어 보세요.

가로

2. ☐☐☐☐은 꿈도 안 꾸는데 김칫국부터 마신다
3. 내 코가 ☐☐
5. 업☐ 아☐ 삼 년 찾는다
8. 가는 ☐☐☐ 오는 홍두깨
9. 닭 잡아먹고 ☐☐☐ 내놓기
11. 개밥에 ☐☐☐
12. ☐☐ 밑이 어둡다

세로

1. ☐☐☐ 쳇바퀴 돌듯
2. ☐☐아 소리 듣고 김칫국 찾는다
4. ☐업☐☐. 내가 저지른 일의 결과를 내가 받는다는 뜻의 사자성어
6. 눈에는 눈 ☐☐☐ ☐
7. ☐☐☐도 두들겨 보고 건너라
9. 낙동강 ☐☐☐
10. ☐☐에 불 떨어지다
11. ☐☐이 제 발 저리다
13. 남의 ☐☐에 감 놓아라 배 놓아라 한다

						1			
			2						
3	4								
	5 업			6 아					
							7		
		8							
						9		10	
				11				12	13

가로 2 역도 가방 | 3 4 사자 | 5 등급 아이 | 8 부엉이 | 9 소방관 | 11 도토리 | 12 등산

세로 1 다람쥐 | 2 역학이 | 4 사냥자늑 | 6 아에는 이 | 7 물리기 | 9 소방원 | 10 등을 | 11 도옥 | 13 잣치

초성을 보고, 빈칸을 채워 속담을 완성해 보세요.

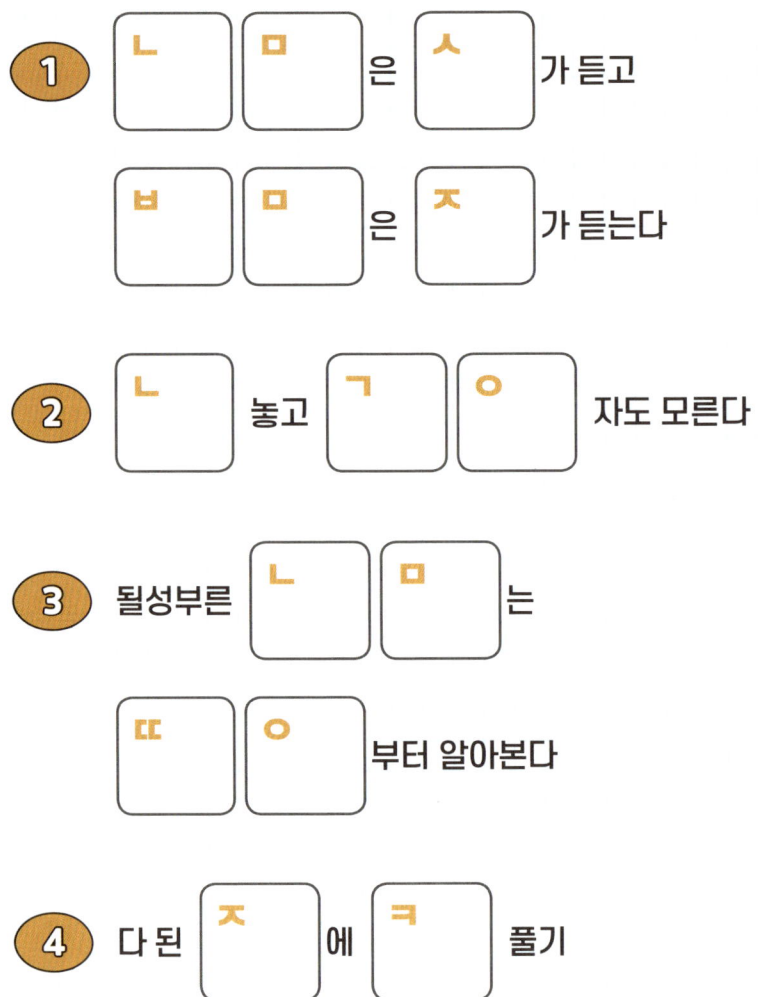

① ㄴㅁ 은 ㅅ 가 듣고
ㅂㅁ 은 ㅈ 가 듣는다

② ㄴ 놓고 ㄱㅇ 자도 모른다

③ 될성부른 ㄴㅁ 는 ㄸㅇ 부터 알아본다

④ 다 된 ㅈ 에 ㅋ 풀기

1.낮말, 새, 밤말, 쥐 2.ㄱ, 기역 3.나무, 떡잎 4.죽, 코

왼쪽의 상황과 어울리는 속담을 찾아 연결해 보세요.

똥 묻은 개가 겨 묻은 개 나무란다

닭 쫓던 개 지붕 쳐다보듯

남의 손의 떡은 커 보인다

046 마른하늘에 날벼락

✅ **전학생 구리구리 ②**

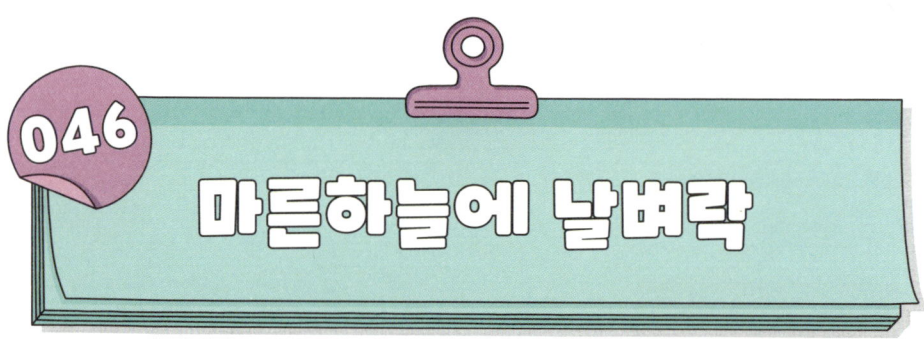

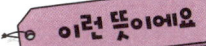

전혀 예상하지 못한 상황에서 갑자기 닥친 불행.

'마른하늘'은 맑게 갠 하늘을, '날벼락'은 느닷없이 치는 벼락을 뜻해요. 그러니까 이 속담은 맑은 하늘에서 벼락이 치는 것만큼 갑작스러운 불행이나 사고 등을 가리키지요.

이럴 때 써요

멍이야, 누나랑 도서관 같이 가자.
숙제 때문에 책을 잔뜩 빌려 와야 해.

오늘 도서관 휴관일인데?

으악, 내 숙제 어떡해! 마른하늘에 날벼락이잖아!

이런 말도 있어요

청천벽력(青天霹靂) (사자성어)
뜻밖에 일어난 큰 사건.
'푸를' 청(青), '하늘' 천(天), '벼락' 벽(霹), '벼락' 력(靂). 맑고 푸른 하늘에 날벼락이라는 뜻으로, 갑자기 일어난 큰 사건을 가리키는 사자성어예요.

047 말 한마디에 천 냥 빚도 갚는다

✅ 달라진 깡총이 ❶

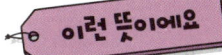

말을 잘하면 어려운 일도 해결할 수 있다.

'빚'은 남에게 갚아야 할 돈이나 은혜를 말해요. 말 한마디로 큰돈을 갚을 수 있을 만큼, 말에는 큰 힘이 있다는 뜻이에요. 따뜻한 말, 칭찬하는 말, 응원하는 말로 다른 사람에게 용기를 줄 수도 있고, 사과하는 말로 사이가 멀어진 친구와 화해할 수도 있지요.

당신, 오늘이 무슨 날인지 모르지?

왜 몰라. 우리 결혼기념일이잖아.
여보, 당신은 나한테 가장 소중한 사람이야.

말 한마디에 천 냥 빚도 갚는다더니, 기분이 싹 풀리네?

말이 고마우면 비지 사러 갔다가 두부 사 온다
상대방이 말을 고맙게 하면, 생각했던 것보다 더 많이 해 주게 된다.
'비지'는 두부를 만들고 난 찌꺼기로, 두부보다 값이 싸요. 상대방이 말을 곱게 하면 비지를 사려다가 두부를 산다는 말로, 고운 말의 중요성을 알 수 있지요.

048 말이 씨가 된다

☑ **달라진 깡총이 ❷**

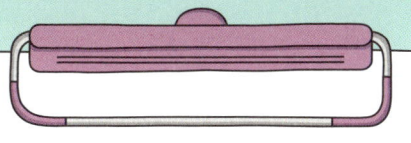

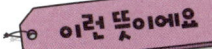

늘 말하던 것이 그대로 된다.

말을 씨앗에서 싹이 나고 잎이 자라는 것에 빗대어 표현한 속담이에요. 긍정적인 말은 좋은 씨앗이 되고 부정적인 말은 나쁜 씨앗이 돼요. 무심코 한 말도 정말 일어날 수 있으니 말을 조심하고, 부정적인 말 대신 긍정적인 말을 해야 일이 잘 풀리지요.

이럴 때 써요

내일 소풍 가는 날인데, 비가 오면 어쩌지?

하루 종일 그 얘기야?
그러다 말이 씨가 되는 수가 있어.

그럼, 다시 말해야겠다.
내일 날씨는 좋을 것이다, 좋을 것이다.

이런 말도 있어요

세 치 혀가 사람 잡는다
말을 함부로 해서는 안 된다.

'치'는 옛날에 길이를 재던 단위로, '세 치'는 9센티미터 정도예요. 세 치밖에 안 되는 혀로 사람을 죽일 수도 있다는 말이지요. 무심코 뱉은 말 때문에 누군가가 죽을 만큼 힘들어질 수도 있으니 항상 말조심해야 하지요.

049 목마른 놈이 우물 판다

✓ **꾹꾹이와 세쌍둥이 ❶**

작은누나! 큰누나한테 가서 우리한테 화 많이 났냐고 물어봐 줘.
너희 또 무슨 장난을 쳤는데 그래?

큰누나 방에서 놀다가 누나가 아끼는 유리컵을 깨뜨렸어.
그러게 왜 자꾸 언니 방에서 노니?

큰누나가 이제 우리는 누나 방 출입 금지래.
잘됐네. 앞으로 내 방에도 들어오지 마.

안 돼!
누나들 방에서 노는 게 재미있단 말이야.
사실, 나도 어제부터 언니 방 출입 금지야. **목마른 놈이 우물 파!**

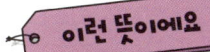

급한 사람이 서둘러 일을 하기 마련이다.

옛날에는 물을 우물에서 떠다 마셨어요. 이 속담은 만약에 마을에 우물이 하나도 없다면, 가장 목이 마른 사람이 우물을 팔 거라는 말이에요. 즉, 가장 급한 사람이 앞장서서 그 일을 하게 되어 있다는 뜻이지요.

 아, 라면 먹고 싶다.
형이 라면 끓여 주면 안 돼?

목마른 놈이 우물 파는 거야. 네가 끓여 먹어.

 난 아직 혼자 라면 못 끓인단 말이야.

갑갑한 놈이 송사한다
급한 사람이 서둘러 일을 하기 마련이다.
'송사'는 소송과 같은 말로, 재판을 해 줄 것을 요구하는 일이에요. 다툼이 일어났을 때 둘 중에 더 급하고, 억울한 사람이 옳고 그름을 가려 달라고 요구한다는 말이지요. '목마른 놈이 우물 판다'와 같은 뜻이에요.

050 못 먹는 감 찔러나 본다

☑ 꾹꾹이와 세쌍둥이 ❷

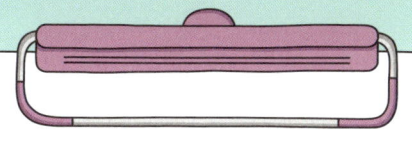

이런 뜻이에요

**내가 못 가질 바에는
남도 갖지 못하도록 못쓰게 만든다.**

내 마음대로 먹지 못하는 감에 상처를 내서, 남도 먹지 못하게 한다는 말이에요. 질투가 나서 심술을 부리는 것이지요. 내가 갖고 싶은 물건을 다른 사람이 갖고 있을 때 이런 기분이 들 수 있어요. 그래도 남의 물건을 망가뜨리면 안 되겠지요?

이럴 때 써요

 여보, 피자 못 봤어? 배달 왔을 텐데?

냉동실에 넣어 뒀어.
다이어트 중인데, 보니까 먹고 싶어져서.

 나는 살 안 빼도 되는데, 왜 나까지 못 먹게 해?
못 먹는 감 찔러나 보는 거야?

이런 말도 있어요

못 먹는 호박 찔러 보는 심사
내가 못 가질 바에는 남도 갖지 못하도록 못쓰게 만든다.
'심사'는 못마땅한 말과 행동을 하고 싶은 마음이에요. 내가 못 먹는 호박을 남도 못 먹게 찔러 보는 마음이라는 말로, '못 먹는 감 찔러나 본다'와 같은 뜻이지요.

051 못 오를 나무는 쳐다보지도 마라

✅ 새로운 도전 ❶

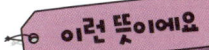

불가능한 일은
처음부터 욕심내지 않는 게 좋다.

오르지 못할 높은 나무를 쳐다보면서 끙끙대지 말고, 일찌감치 포기하라는 말이에요. 도저히 해낼 수 없는 일에는 처음부터 욕심내지 말라는 뜻이지요. 시간을 낭비하고, 속만 상할 뿐이니까요.

짜장면 다섯 그릇을 10분 안에 다 먹으면 공짜래! 내가 도전해 볼까?

어른도 먹기 힘든 짜장면 다섯 그릇을 먹겠다고? 10시간도 아니고 10분 안에?

못 오를 나무는 쳐다보지도 말라는 거구나.

토끼 둘을 잡으려다가 하나도 못 잡는다
욕심이 지나치면 일을 망치게 된다.
토끼 두 마리를 모두 잡으려고 이리저리 쫓아다니다가, 결국 두 마리 모두 놓친다는 말이에요. 욕심을 너무 많이 부리면, 한 가지 일도 제대로 이루지 못한다는 뜻이지요.

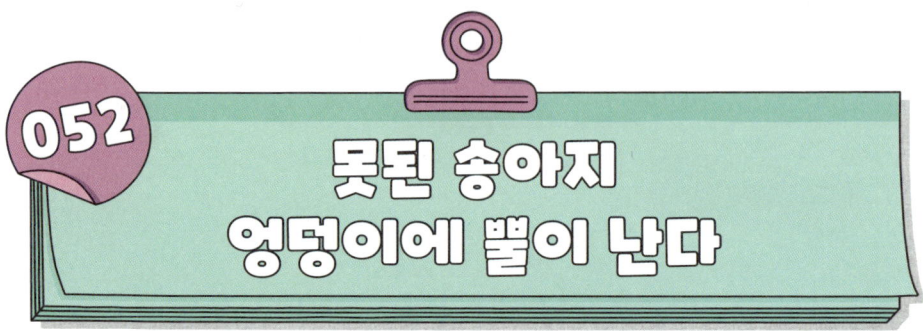

052 못된 송아지 엉덩이에 뿔이 난다

✓ **새로운 도전 ❷**

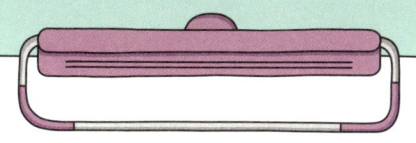

이런 뜻이에요

**옳지 못하거나 보잘것없는 사람이
엇나가는 짓만 골라서 한다.**

못된 송아지는 머리에 나야 할 뿔이 엉덩이에 나서 더 말썽을 부린다는 말이에요. 그렇지 않아도 못된 짓을 하는 사람이 뉘우치지 않고 또 다른 못된 짓을 하고 다닐 때 이 속담을 쓰지요.

이럴 때 써요

 저기, 떡볶이 뺏어 먹는 당나귀 형 보이지?
너도 저 형 조심해. 못된 짓만 골라서 한다고 소문났거든.

뭐야! 저 형 쓰레기통이 옆에 있는데 아무 데나
쓰레기를 버리잖아?

 못된 송아지 엉덩이에 뿔이 난다는 말이 딱 맞다니까.

이런 말도 있어요

미운 강아지 우쭐거리며 똥 싼다
미운 사람이 미운 짓만 골라서 한다.
미운 강아지가 가만히 있어도 눈에 거슬리는데 똥 눌 때마저 뽐내듯 우쭐거려서 더 밉다는 말이에요. 안 그래도 미운 사람이 자꾸 보기 싫은 짓을 할 때 쓰지요.

053 물에 빠진 놈 건져 놓으니까 내 봇짐 내라 한다

✅ **새로운 도전 ❸**

도와준 사람에게 고마워하기는커녕
도리어 불평을 한다.

'봇짐'은 등에 지기 위해 물건을 보자기에 싸서 꾸린 짐이에요. 그러니까 이 속담은 물에 빠진 사람을 구해 주었더니, 자기 봇짐은 어디 있냐며 따진다는 말이에요. 은혜를 입고도 도리어 못마땅해한다는 뜻이지요.

 저기요! 아저씨, 지갑 떨어뜨리셨어요.

지갑에 들어 있던 문화 상품권이 없어졌네? 혹시 네가…?

 지금 저를 의심하시는 거예요? 물에 빠진 놈 건져 놓으니까 내 봇짐 내라 한다는 말을 하고 싶군요.

곱다고 안아 준 아기 바지에 똥 싼다
은혜를 입은 사람이 은혜를 베푼 사람에게 해를 입힌다.
아기가 예뻐서 안아 주었더니, 내 바지에 똥을 눴다는 말이에요. 그러니까 도움을 받은 사람이 도와준 사람에게 고마워하기는커녕 피해를 입힌다는 뜻이지요.

054 미꾸라지 한 마리가 온 웅덩이를 흐려 놓는다

✅ 이럴 수가! ❶

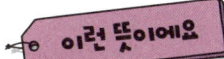

한 사람의 잘못된 행동이
여러 사람에게 나쁜 영향을 미친다.

미꾸라지 한 마리가 흙탕물을 일으켜서 웅덩이의 물을 몽땅 흐리게 만든다는 말이에요. 물이 흐려지면 웅덩이에 사는 다른 물고기들이 피해를 입겠지요? 이처럼 잘못된 행동을 하면, 나뿐만 아니라 내가 속한 집단 전체에 해를 끼칠 수 있으니 조심해야 한답니다.

 나 이제 발로차 선수 응원 안 할 거야.

 발로차 선수가 팬들한테 못되게 굴었다는 소식 들었구나?

 응, 발로차 선수 때문에 그 팀 선수들이 모두 비난받았어. 미꾸라지 한 마리가 온 웅덩이를 흐려 놓은 거야.

이런 말도 있어요

검은 데 가면 검어지고 흰 데 가면 희어진다
주위 환경이 사람의 생각이나 성격에 큰 영향을 준다.
어떤 사람과 어울리느냐에 따라 성격이 달라질 수 있다는 말이에요. 착한 친구들과 어울리면 착한 행동을, 나쁜 친구들과 어울리면 나쁜 행동을 배우기 마련이지요. 그러니, 사람을 잘 가려서 사귀라는 가르침이 담겨 있어요.

055 믿는 도끼에 발등 찍힌다

☑ 이럴 수가! ❷

잘될 거라고 믿은 일이 실패하거나
믿었던 사람에게 배신을 당하다.

손에 익은 도끼를 사용해서 다칠 걱정을 하지 않았는데 그 도끼에 발등이 찍혔다는 말이에요. 아무리 익숙하거나 믿는 것에도 잠깐 실수하면 피해를 입을 수 있으니 조심하라는 가르침이 담겨 있어요.

> 너는 원래 빠르고 늘보는 육상부인데, 둘이 달리기 시합하면 누가 이길까?

> 아무리 육상부여도 늘보는 나무늘보고 나는 토끼야. 당연히 내가 이기지.

> 너희 할아버지가 거북이랑 시합했다가 진 것처럼, 믿는 도끼에 발등 찍힐 수도 있지.

믿었던 돌에 발부리 채었다

잘될 거라고 믿은 일이 실패하거나 믿었던 사람에게 배신을 당하다.
'발부리'는 발끝의 뾰족한 부분을 가리켜요. 그러니까 걸릴 거라고 생각하지 않은 돌에 발끝이 걸렸다는 말이지요. '믿는 도끼에 발등 찍힌다'와 같은 뜻이에요.

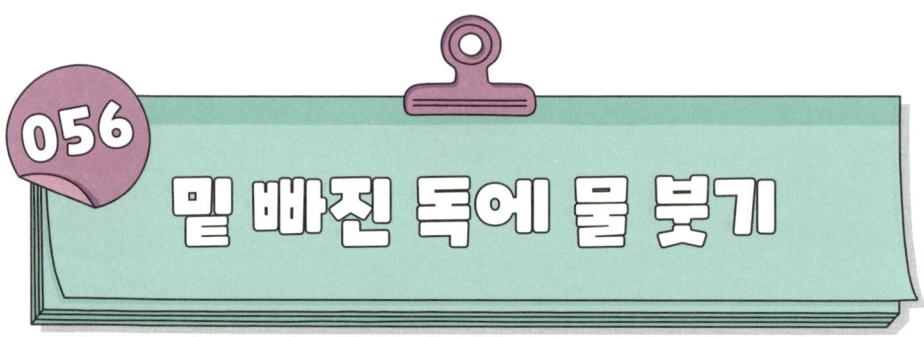

056 밑 빠진 독에 물 붓기

✅ **위로가 필요해**

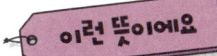

아무리 애를 써도 전혀 보람이 없다.

'빠지다'는 밑바닥이 떨어져 나갔다는 뜻이에요. '독'은 간장이나 김치 등을 보관하는 항아리고요. 밑이 빠진 항아리에 물을 부으면 어떻게 될까요? 아무리 부어도 절대 채워지지 않겠지요? 이렇듯 아무리 힘이나 돈, 물건 등을 들여도 일이 되지 않는다는 뜻이에요.

깡총이야, 너 요즘 영어 단어 열심히 외운다!

근데 오늘 외운 걸 내일이면 잊어버려.
그래서 밑 빠진 독에 물 붓기야.

아무리 그래도 열심히 하면 남는 게 있을 거야.
나도 그랬거든.

이런 말도 있어요

한강에 돌 던지기
아무리 애를 써도 아무런 보람이 없다.
큰 한강에 돌 하나를 던진다고 해서 달라지는 게 있을까요? 이렇듯 아무리 돈, 시간, 정성 등을 쏟아도 보람이 없다는 뜻이에요. 사물이 지나치게 작아서 일하는 데 효과나 영향이 없을 때도 쓰여요.

057 바늘 가는 데 실 간다

✅ **단짝 친구 ❶**

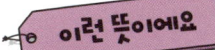 **이런 뜻이에요**

서로 없어서는 안 될 만큼
아주 가까운 사이.

바늘만 가지고는 바느질을 할 수 없어요. 실만 있어도 마찬가지고요. 늘 두 개가 함께 있어야 바느질이 되지요. 그래서 이 속담은 서로 떼어 놓을 수 없을 만큼 가까운 사이를 가리킬 때 쓰여요.

이럴 때 써요

 왈이야, 토요일에 멍이랑 실내 놀이터 가기로 했지? 나도 같이 가도 돼?

그럼! 그렇지 않아도 너한테 말하려고 했어. 바늘 가는 데 실 가야지.

 바늘이랑 실? 나도 너희랑 단짝 친구가 된 거야? 야호!

이런 말도 있어요

용 가는 데 구름 간다
반드시 같이 다녀서 둘이 서로 떠나지 않는다.
'용'은 구름을 가르고 하늘로 오르는 상상 속 동물이에요. 용이 가는 곳에 반드시 구름도 간다는 말로, 늘 함께 다니는 몹시 가까운 사이를 가리켜요.

058 바늘 도둑이 소도둑 된다

✅ **단짝 친구 ❷**

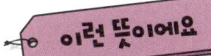

작은 잘못을 자꾸 하면 나중에
큰 잘못을 저지르게 된다.

처음에는 작은 바늘을 훔치다가도 도둑질을 계속하면 나중에는 소를 훔치게 된다는 말이에요. 작은 나쁜 짓으로 시작했더라도 되풀이되면 감당 못 할 큰 잘못으로 이어지게 되지요. 따라서 나쁜 버릇은 처음부터 들이지 말라는 가르침이 담겨 있어요.

 저번에 내 지우개 말도 없이 빌려 갔지? 다음부터는 그러지 마.

그깟 지우개 하나 가지고, 친구끼리 쩨쩨하게 구네!

 그깟 지우개라니? 바늘 도둑이 소도둑 된다는 말이 있어.

이런 말도 있어요

개가 겨를 먹다가 말경 쌀을 먹는다
작은 잘못이 버릇이 되어 점점 더 큰 잘못을 저지른다.
'말경'은 마지막인 때를 뜻해요. 그러니까 겨를 훔쳐 먹던 개가 마지막에는 쌀을 훔쳐 먹는다는 말이지요. 처음에는 조금 나쁘던 것이 차차 더 크게 나빠진다는 속담이에요.

059 발 없는 말이 천 리 간다

✓ 너만 알고 있어

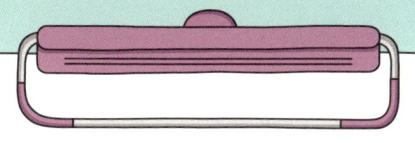

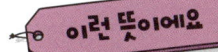

말은 금방 멀리까지 퍼진다.

'발 없는 말'은 동물이 아니라 입으로 주고받는 이야기예요. '리'는 옛날에 거리를 재던 단위로, 1리는 약 400미터지요. 그러니까 이 속담은 내가 한 말이 순식간에 멀리 퍼질 수도 있다는 뜻이에요. 말조심해야 한다는 가르침이 담겨 있지요.

 큰누나도 어렸을 때 오줌싸개였다며?

누가 그래? 내가 오줌싸개였다고.

 엄마가 이모랑 전화할 때 그러시던데?

아휴, 발 없는 말이 천 리 간다고, 친척들한테 벌써 소문 다 났겠네.

이런 말도 있어요

말이 말을 만든다
말은 여러 사람의 입을 거치면서 내용이 부풀려지고 달라진다.
말은 이 사람에게서 저 사람에게로 옮겨 가면서 달라질 수 있어요. 하지도 않은 말이 덧붙기도 하고, 했던 말이 빠지기도 하지요. 그렇게 내 의도와는 상관없이 말이 또 다른 말을 만들지요. 말을 할 때는 늘 신중하고 조심해야 해요.

060 방귀 뀐 놈이 성낸다

✅ **고자질**

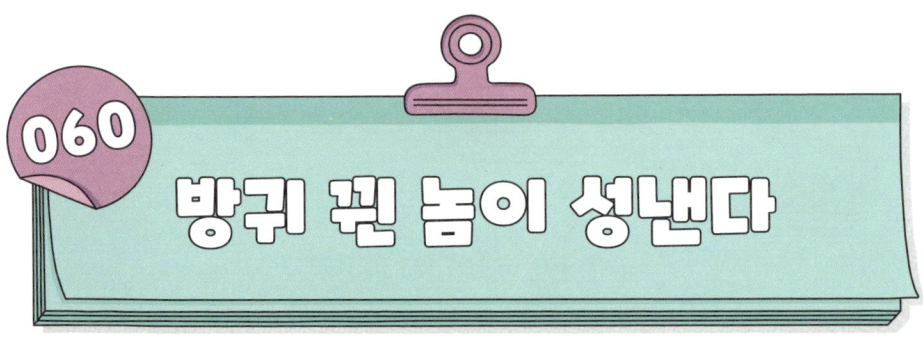

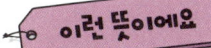

잘못한 사람이
도리어 화를 낸다.

'성내다'는 화를 낸다는 뜻이에요. 방귀를 뀐 사람이 냄새가 난다면서 남들에게 화를 내고 짜증을 부리면 어처구니없겠지요? 이렇듯 잘못한 사람이 오히려 아무 잘못 없는 사람에게 큰소리치는 경우를 꼬집는 속담이지요.

이럴 때 써요

5시까지 만나기로 했는데, 30분이나 늦게 오면 어떡해?
영화 벌써 시작했단 말이야.

왜 하필 여기서 만나자고 한 거야?
새로 생긴 영화관이라 찾느라고 엄청 힘들었잖아.

방귀 뀐 놈이 성낸다더니,
늦게 와 놓고 자기가 화를 내네?

이런 말도 있어요

적반하장(賊反荷杖) 〈사자성어〉
잘못한 사람이 아무 잘못 없는 사람을 꾸짖는다.
'도둑' 적(賊), '돌이킬' 반(反), '꾸짖을' 하(荷), '몽둥이' 장(杖). 도둑이 도리어 몽둥이를 들고 꾸짖는다는 뜻으로, 잘못한 사람이 미안해하지 않고 거꾸로 아무 잘못도 없는 사람을 혼낸다는 말이에요.

061 배보다 배꼽이 더 크다

✅ **생일 파티 ❶**

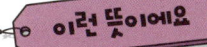

기본이 되는 것보다
덧붙이는 것이 더 많거나 크다.

배꼽은 당연히 배보다 작아요. 당연히 더 작아야 할 것이 더 크다는 속담으로, 중요한 것보다 주변 것이 더 크거나 많을 때 사용해요. 정작 선물은 작고 소박한데, 포장지만 크고 화려한 경우처럼 말이에요. 물건을 사는 등 무엇을 결정할 때 배보다 배꼽이 더 크지 않은지 잘 살펴보아야 하지요.

 운동회에서 줄다리기 시합의 1등 반 상품은 피자래!

정말? 그럼, 우리 반 다 같이 줄다리기하기 좋은 장갑이랑 운동화를 사자고 할까?

 응? 그건, 배보다 배꼽이 더 큰 것 같아.

이런 말도 있어요

고추장이 밥보다 많다
중심이 되는 것보다 딸린 것이 더 많다.
비빔밥에는 양념인 고추장보다 중심이 되는 밥이 더 많은 것이 당연한데, 고추장이 더 많다는 말이에요. 딸린 것이 더 많아 균형이 맞지 않는 상황에서 쓰는 속담이지요.

062 백지장도 맞들면 낫다

✅ **생일 파티 ❷**

얘들아, 이제 케이크 초에 불붙일게.

우리, 생일 축하 노래 부르자.

♬ 생일 축하합니다. ♪ 생일 축하합니다. 사랑하는 구리구리, 생일 축하합니다. ♬

잠깐!

왈이 네가 왜 촛불을 끄려고 해?

백지장도 맞들면 낫다는 말 몰라?

이 정도는 콧숨으로도 끌 수 있으니까 안 도와줘도 돼.

그래도 콧숨으로는 끄지 마. 콧물 튄 케이크는 먹기 싫으니까.

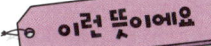

아무리 쉬운 일도 서로 도우면 훨씬 쉽다.

'백지장'은 하얀 종이 한 장을 가리켜요. '맞들다'는 물건을 양쪽에서 마주 든다는 뜻이고요. 그러니까 이 속담은 종이 한 장도 같이 들면 더 가볍다는 뜻이에요. 서로 도우면서 살아가는 것이 중요하다는 가르침을 주지요.

오늘 학급 회의는 우리 반 인사왕 투표 결과를 발표하며 끝내겠어요.

선생님, 멍이가 투표용지를 펼쳐 주면 제가 큰 소리로 읽을게요.

백지장도 맞들면 낫다는 말처럼 발표가 쉽고 빠르게 끝나겠네요!

이런 말도 있어요

십시일반(十匙一飯) 사자성어
여럿이 조금씩 힘을 합하면 한 사람을 돕기 쉽다.
'열' 십(十), '숟가락' 시(匙), '하나' 일(一), '밥' 반(飯). 열 사람이 밥 한 숟가락씩 모으면 밥 한 그릇이 된다는 말로, 여럿이 조금씩 힘을 합하면 작은 힘으로도 큰 도움을 줄 수 있다는 뜻이에요.

063 벼룩의 간을 내먹는다

☑ **한 입만! ❶**

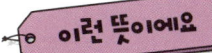

가진 게 적은 사람에게서 돈, 물건을 빼앗는다.

'내먹다'는 속에 든 것을 꺼내 먹는다는 뜻이에요. 작은 벼룩의 간을 먹는 것처럼 어려운 처지에 있는 사람의 재물을 뜯어낼 만큼 욕심 많은 사람에게 쓰는 속담이지요.

고작 바나나 한 개? 당신, 다이어트를 너무 심하게 하는 거 아니야?

아니야. 이것만 먹어도 배불러.

아빠, 그럼 제가 바나나 반쪽 먹어도 돼요?

그거 아빠 저녁인데, 벼룩의 간을 내먹을래?

이런 말도 있어요

모기 다리에서 피 뺀다
가진 게 적은 사람에게서 돈, 물건을 빼앗는다.
가늘디가는 모기의 다리에서 피를 뺀다는 말로, '벼룩의 간을 내먹는다'와 같은 뜻을 가진 속담이에요.

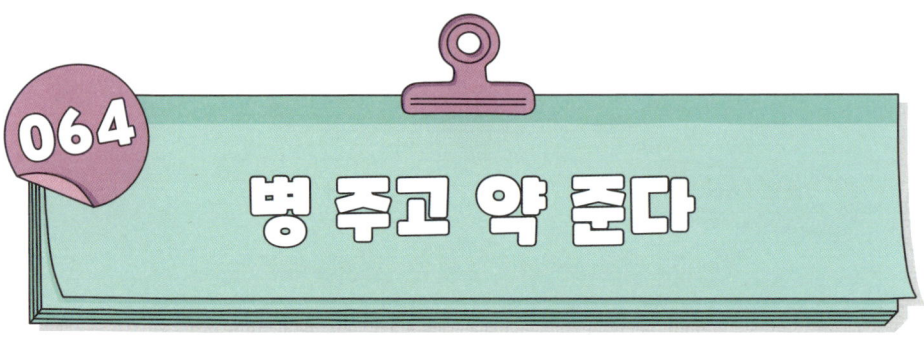

064 병 주고 약 준다

☑ **한 입만! ❷**

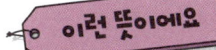

자기가 해를 입혀 놓고는 도와주는 척한다.

병을 준 사람이 약도 준다는 말이에요. 다른 사람을 다치게 하거나 손해를 입혀 놓고는, 자기 잘못이 아닌 것처럼 위로하고 도와주는 척하는 경우를 가리켜요. 나쁜 꾀가 많고, 엉큼한 행동을 하는 사람에게 쓰지요.

 누나, 방 청소하는 거 힘들지? 우리가 도와줄까?

지금 병 주고 약 주는 거니? 이거 다 너희가 어지른 거잖아!

 어떻게 알았지?

이런 말도 있어요

등 치고 배 만진다
자기가 해를 입혀 놓고는 도와주는 척한다.
남의 등을 찰싹 치고 나서는 배를 만지며 위로해 준다는 말이에요. '병 주고 약 준다'와 같은 뜻을 가진 속담이지요.

065 비 온 뒤에 땅이 굳어진다

✅ **구리구리의 과거 ❶**

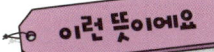 **이런 뜻이에요**

어려운 일을 겪고 나면
더욱 강해진다.

비가 오면 땅이 젖어 질척질척해져요. 하지만 해가 뜨면 진흙이 마르면서 땅이 단단하게 굳지요. 이렇듯 어려운 일을 겪고 나면, 몸과 마음이 굳세져서 더욱 강해진다는 뜻이에요. 어려움이 생겨도 쉽게 포기하지 않는다면 더욱 성장하게 될 거예요.

이럴 때 써요

 어제 달리기 대회에서 네가 꼴등 했다며? 연습 많이 했는데, 속상했겠다.

아니야. 잘하는 친구들 보니까 더 열심히 연습해야겠다는 생각이 들었어.

 비 온 뒤에 땅이 굳어진다더니, 다음엔 네가 1등 하겠는걸?

이런 말도 있어요

태산을 넘으면 평지를 본다
고생을 이겨 내면 반드시 좋은 날이 온다.
'태산'은 높고 큰 산을 말해요. 큰 산을 넘느라 고생하고 나면, 너른 평지가 나온다는 말이에요. 어렵고 힘든 일을 겪은 뒤에 좋은 일이 생긴다는 뜻이지요.

066 빈 수레가 요란하다

✅ **구리구리의 과거 ❷**

*서브: 공격하는 쪽이 상대편에게 공을 쳐 넣는 일.

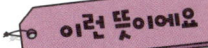 **이런 뜻이에요**

별 볼 일 없는 사람이
더 떠들어 댄다.

'요란하다'는 시끄럽다는 뜻이에요. 짐이 가득 찬 수레보다 빈 수레를 끌 때 덜컹덜컹 소리가 더 크게 나요. 이처럼 아는 게 많고 속이 꽉 찬 사람보다 별 볼 일 없는 사람이 더 아는 척하며 떠들 때를 가리키는 속담이에요.

이럴 때 써요

 내가 수학 공부를 좀 해 봤더니 말이야.
일단 공식을 외워야 문제를 풀 수 있거든.

너, 수학 공부 어제부터 시작했잖아.
빈 수레가 요란하다는 말 알지?

 아직 몰라. 국어 공부는 내일부터 시작할 거야.

이런 말도 있어요

소문난 잔치에 먹을 것 없다
소문이나 큰 기대에 비해 별 볼 일 없다.
큰 잔치가 열릴 거라고 소문이 자자했는데, 막상 가서 보니 먹을 것이 없어 실망스럽다는 말이에요. 기대한 것에 비해 알맹이가 없거나, 소문이 실제와 다른 경우를 가리키지요.

067 빈대 잡으려고 초가삼간 태운다

✅ **물 절약**

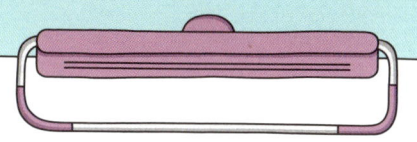

손해를 크게 볼 것은 생각 못 하고
자기에게 못마땅한 것을 없애려고 덤비기만 한다.

'빈대'는 사람의 피를 빨아 먹고 몸을 간지럽게 만드는 해충*이에요. '초가삼간'은 세 칸짜리 초가집으로, 아주 작은 집을 뜻해요. 그러니까 해충을 잡으려고 집 전체를 태운다는 말로, 당장의 작은 일을 해결하기 위해 무턱대고 큰일을 벌일 때 사용해요. 눈앞의 일만 보지 않고 멀리 내다보라는 가르침을 주지요.

 중학생 형들이 우리 학교 친구들 괴롭히는 데가 바로 저기야.

 우리 반 친구들 불러서 다 같이 지키고 있을까?

 빈대 잡으려고 초가삼간 태울 일 있어? 어른들께 알려야지, 우리가 해결하려다가는 큰일 난다고.

쥐 잡으려다가 쌀독 깬다
적은 이익을 얻으려다 큰 손해를 입는다.
쌀이 든 항아리 속에 숨어든 쥐를 잡으려다가 항아리를 깬다는 말로, 눈앞에 보이는 작은 이익만 쫓다가 결국 큰 손해를 입는다는 뜻이에요.

---

*해충: 사람의 생활에 해를 끼치는 벌레.

068 빛 좋은 개살구

✅ **학급 회의 ❶**

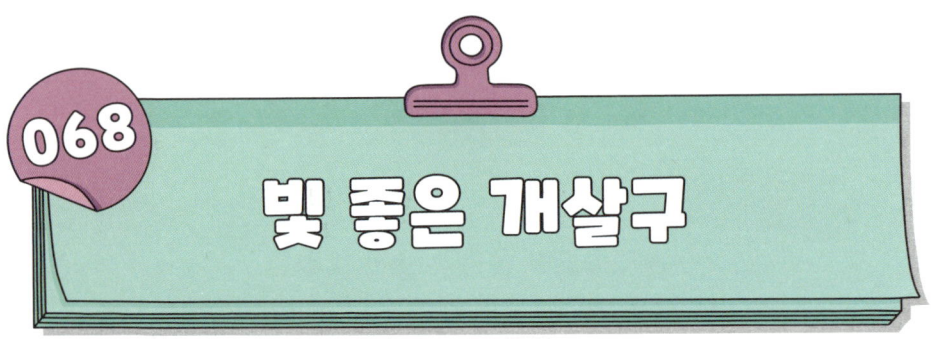

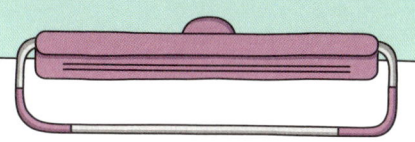

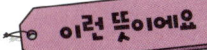

겉만 번지르르하고 알맹이는 없다.

'개살구'는 산과 들에서 나는 살구와 비슷한 과일이에요. 보기에는 살구처럼 빛깔도 곱고 먹음직스럽지만, 맛이 아주 시고 떫지요. 그래서 이 속담은 개살구처럼 겉은 그럴듯하지만 실속이 없는 경우를 가리켜요. 겉모습만 보고 판단하는 것이 얼마나 어리석은지 알려 주지요.

이럴 때 써요

새로 생긴 빵집 가 봤어? 캐릭터 모양 빵을 파는데, 엄청 귀엽대.

어제 사 먹어 봤는데, 진짜 맛없더라. 빵도 딱딱하고 크림도 너무 달아.

빛 좋은 개살구구나? 빵이 귀엽기만 하면 뭐 해, 맛이 있어야지.

이런 말도 있어요

속 빈 강정
겉은 그럴듯하지만 속은 텅 비었다.
'강정'은 우리나라 전통 과자로, 찹쌀가루를 튀겨 꿀을 바르고 깨, 콩가루 등 다양한 재료를 겉에 묻혀 먹음직스러워요. 하지만 속이 비어 있어서 먹어도 배가 별로 부르지 않지요. 그래서 이 속담은 겉모양에 비해 실속이 없다는 뜻이에요.

속담 퀴즈

빈칸을 채워 가로세로 낱말 퀴즈를 풀어 보세요.

가로

3. ○○○○ 한 마리가 온 웅덩이를 흐려 놓는다
4. 밑 빠진 독에 ○○○
5. 방귀 뀐 놈이 ○○○
6. 속 빈 ○○
7. 발 없는 말이 ○○ 간다
8. 못된 ○○○ 엉덩이에 뿔이 난다
9. 못 먹는 호박 찔러 보는 심○
10. 벼룩의 간을 ○○○○
11. ○○○가 요란하다

세로

1. 목마른 놈이 ○○ 판다
2. ○○ ○○에서 피 뺀다
3. ○운 ○○○ 우쭐거리며 똥 싼다
7. 말 한마디에 ○○○○도 갚는다
8. 갑갑한 놈이 ○○○○
10. 물에 빠진 놈 건져 놓으니까 ○○○ 내라 한다
11. ○○ 잡으려고 초가삼간 태운다

	1		2				3			
	4									
							운			
	5						6			
			7							
					8					
				9심						
			10				11			

가로 3 미끄럼지 | 4 물놀이 | 5 상어다 | 6 수영 | 7 참고 | 8 송아지 | 9 양지 | 10 내려두다 | 11 단 수집

세로 1 우쭐 | 2 디지 | 3 미운 오야지 | 7 참 유유 | 8 송사한다 | 10 내 몸집 | 11 단 산

153

초성을 보고, 빈칸을 채워 속담을 완성해 보세요.

① ㅂ ㄴ 도둑이

ㅅ ㄷ ㄷ 된다

② ㅂ 주고 ㅇ 준다

③ ㅁ ㄴ ㄷ ㄲ 에

ㅂ ㄷ 찍힌다

④ ㅂ 보다 ㅂ ㄲ 이 더 크다

왼쪽의 상황과 어울리는 속담을 찾아 연결해 보세요.

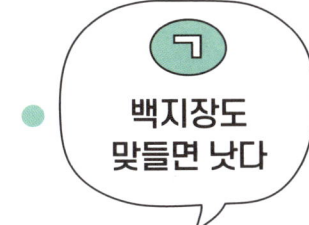
백지장도 맞들면 낫다

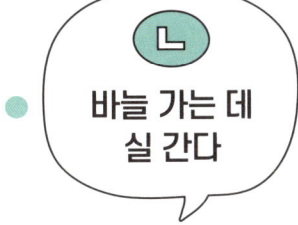
바늘 가는 데 실 간다

빛 좋은 개살구

069 사공이 많으면 배가 산으로 간다

☑ 학급 회의 ❷

 **이런 뜻이에요**

여러 사람이 자기주장만 내세우면
일이 제대로 되지 않는다.

'사공'은 배로 사람과 짐을 실어다 주는 사람이에요. 한배에 탄 여러 명의 사공이 각자 가고 싶은 방향으로 노를 저으면 배가 엉뚱한 곳으로 간다는 말로, 마음과 의견을 하나로 모으지 못하면 될 일도 안 된다는 뜻이에요.

이럴 때 써요

오랜만에 오니까 길이 헷갈리네. 사거리에서 어느 쪽으로 가야 하지?

왼쪽으로 가야 해요.

아니야, 오른쪽이야.

그만! 사공이 많으면 배가 산으로 간다니까, 내비게이션을 보고 찾아갈게.

이런 말도 있어요

목수가 많으면 기둥이 기울어진다
여럿이 일할 때 각자 의견이 너무 많으면 일을 망친다.
'목수'는 나무로 집을 짓거나 가구를 만드는 사람이에요. 목수들이 함께 일할 때 각자의 의견만 내세우면 기둥이 기울어진다는 말로, 지휘하는 사람 없이 자기주장만 하면 도리어 일을 망친다는 뜻이에요.

070 서당 개 삼 년에 풍월을 읊는다

✅ **여자 셋 남자 하나 ①**

잘 모르는 사람이라도 오랫동안 반복해서 보고 들으면 어느 정도 배우게 된다.

'서당'은 옛날에 글을 가르치던 곳이에요. '풍월을 읊는다'는 자연의 아름다움을 담은 시를 외우는 것이고요. 그러니까 글을 모르는 개도 서당에서 3년을 살면, 시를 외울 수 있다는 말이지요. 어떤 분야에 대해 아무것도 모르는 사람도 오랫동안 보고 들으면, 자연스럽게 아는 것이 많아진다는 뜻이에요.

이럴 때 써요

너희 팀은 수비가 약해. 왈이네 팀은 공격수가 별로인 것 같고.

오, 축구 전문가 같은걸.

서당 개 삼 년에 풍월을 읊는다잖아. 같이 축구를 하다 보니 조금 알게 됐지.

이런 말도 있어요

쥐 새끼가 열두 해 나면 방귀를 뀐다
일을 오래 하다 보면 무언가 좋은 수가 생긴다.
쥐가 12년이나 살다 보니 사람처럼 방귀를 뀐다는 말로, 무슨 일이든지 끈기 있게 하라는 가르침을 담고 있어요.

071 선무당이 사람 잡는다

✅ **여자 셋 남자 하나 ❷**

서툰 사람이 함부로
설치다가 큰일을 저지른다.

'선무당'은 서툴러서 일을 잘 못하는 무당이고, '잡다'는 죽인다는 뜻이에요. 선무당이 잘 아는 척하다가 괜한 사람을 죽게 할 수도 있다는 말이지요. 잘 모를 때는 모른다는 걸 인정하고 배우려는 자세를 갖춰야 한답니다.

 에취, 에취. 감기 때문에 너무 힘들어.

고춧가루 탄 물을 잔뜩 마시고, 찜질방에 가서 땀을 빼면 감기가 낫는대.

 그거 유튜브에서 본 거지? 확인도 안 하고 무조건 믿지 마. 그러다가 선무당이 사람 잡는다고.

이런 말도 있어요

어설픈 약국이 사람 죽인다
서툰 사람이 함부로 설치다가 큰일을 저지른다.
'어설프다'는 익숙하지 않아 엉성하다는 뜻이에요. 약에 대해 어설프게 아는 약국에서 함부로 약을 팔면 사람이 죽을 수도 있다는 말로, '선무당이 사람 잡는다'와 같은 뜻이지요.

072 세 살 적 버릇이 여든까지 간다

☑ 이런 버릇, 저런 버릇 ❶

어릴 때 몸에 밴 버릇은
나이가 들어도 고치기 힘들다.

'여든'은 80을 말해요. 3살에 몸에 밴 버릇은 80살까지도 고치기 힘들다는 뜻으로, 나쁜 버릇이 들지 않으려면 어려서부터 잘 배우라는 가르침이 담겨 있어요.

 여보, 코딱지 좀 그만 파. 그러다 코피 나겠어.

나는 콧속이 말끔해야 기분이 좋아.

 당신 때문에 구리구리도 자꾸 코를 판단 말이야.

그럼 안 되는데? 세 살 적 버릇이 여든까지 가는데….

이런 말도 있어요

제 버릇 개 줄까
한번 몸에 밴 나쁜 버릇은 쉽게 고쳐지지 않는다.
몸에 밴 버릇은 개한테도 못 준다는 말로, 나쁜 버릇은 도무지 고치기 어렵다는 뜻이에요. 나쁜 행동을 반복하는 사람에게 쓸 수 있는 속담이지요.

073 소 잃고 외양간 고친다

✅ **이런 버릇, 저런 버릇 ❷**

일이 잘못된 뒤에는
손을 써도 소용이 없다.

'외양간'은 말이나 소를 기르는 곳을 뜻해요. 이 속담은 소가 도망치고 나서야 망가진 외양간을 고친다는 말이에요. 도망간 소가 외양간을 고쳤다고 돌아오지 않는 것처럼 뒤늦게 후회하거나 손을 써 봤자, 아무 소용없다는 뜻이지요.

이럴 때 써요

큰누나, 우산 잃어버렸다며?
오늘 새 옷도 입었는데 얼른 새로 사.

나중에 사도 돼. 이번 주는 비가 안 온대.

그러다 소나기 와서 옷 버리면 어떡해.
소 잃고 외양간 고치지 마.

이런 말도 있어요

사또 떠난 뒤에 나팔 분다
어떤 일을 할 때를 놓치고서 뒤늦게 손을 쓰며 서두른다.
'사또'는 옛날에 한 지역을 다스리던 관리예요. 이 속담은 사또가 행진할 때는 가만히 있다가 떠난 뒤에야 환영하는 나팔을 분다는 말이에요. 때를 놓치면 아무런 소용이 없다는 뜻이지요.

074 쇠귀에 경 읽기

☑ **이런 버릇, 저런 버릇 ❸**

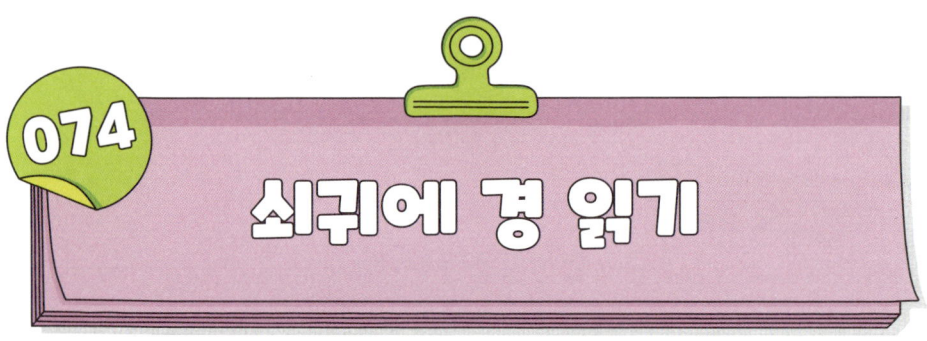

아무리 가르쳐도 알아듣지 못한다.

'쇠귀'는 소의 귀를 말해요. '경'은 유교나 불교의 가르침을 써 놓은 책이고요. 그러니까 소에게 훌륭한 가르침이 담긴 책을 읽어 준다는 뜻이에요. 소가 알아들을 리 없는데도 말이에요. 그래서 이 속담은 아무리 가르쳐 줘도 이해하지 못하거나 들을 생각이 없는 경우를 가리켜요.

구리구리는 운동을 아주 잘하니 이제 아빠처럼 시도 써 보는 게 어때? 그럼 팔방미인이 되는 거란다.

전 미남으로 살고 싶다고요!

아이고, 쇠귀에 경 읽기네.
'팔방미인'은 두루두루 잘하는 사람을 말하는 거야.

우이독경(牛耳讀經) 〈사자성어〉
아무리 가르쳐도 알아듣지 못한다.
'소' 우(牛), '귀' 이(耳), '읽을' 독(讀), '글' 경(經). 소의 귀에 대고 경을 읽는다는 뜻이에요. '쇠귀에 경 읽기'와 같은 뜻을 가진 사자성어지요.

075 쇠뿔도 단김에 빼랬다

✅ **새해 결심 ❶**

하기로 결심했으면
망설이지 말고 행동해야 한다.

'쇠뿔'은 소의 뿔이고, '단김에'는 열기가 아직 식지 않았을 때를 말해요. 소의 뿔은 위험해서 뽑는데, 이때 뜨겁게 달궈야 잘 뽑히지요. 그러니까 이 속담은 달군 뿔이 식기 전에 얼른 뽑으라는 말로, 어떤 일이든 하기로 마음먹었으면 곧바로 행동으로 옮기라는 뜻이에요.

형, 계속 게임만 할 거야?

조금만 기다려. 쇠뿔도 단김에 빼랬다고, 오늘은 게임이 잘되니까 레벨을 올려야 해.

이런 말도 있어요

고사리도 꺾을 때 꺾는다
어떤 일을 시작하면 기회를 놓치지 말고 해치워야 한다.
'고사리'는 나물 반찬으로 무쳐 먹는 풀로, 봄철에 꺾어야 질기지 않고 부드러워요. 봄철을 놓치지 말고 꺾어야 하는 고사리처럼 어떤 일을 시작하면, 때를 놓치지 말고 행동해야 한다는 뜻이에요.

076 수박 겉 핥기

✅ **새해 결심 ❷**

 **이런 뜻이에요**

진짜 속 내용은 모르고
겉만 건드린다.

수박의 달콤한 맛은 빨간 속을 먹어 봐야 알 수 있어요. 이 속담은 수박 껍질만 핥고서 수박을 먹었다고 하는 상황을 가리켜요. 사물의 중요한 내용은 모르고 겉만 대충 안다는 뜻이지요.

이럴 때 써요

 나 라이언 퀸 애니메이션 영어로 다 봤어! 영어 공부 많이 했지?

 2배속으로 보고, 영어 공부했다고 하는 거야? 그건 수박 겉 핥기나 마찬가지야.

 2배속이니까 빠르게 말하기 공부한 거야. 히히!

이런 말도 있어요

장님 코끼리 만지는 격
일부분만 알면서 전체를 안다고 생각한다.
'장님'은 시각 장애인을 낮잡아 이르는 말이에요. 이 속담은 앞이 안 보이는 사람이 코끼리 몸의 일부분만 만지고서는, 코끼리를 잘 안다고 하는 것처럼 일부를 가지고 전체를 말하는 어리석음을 꼬집는 속담이지요.

077 숭어가 뛰니까 망둥이도 뛴다

☑ **엉덩이로 이름 쓰기**

 **이런 뜻이에요**

자기 능력은 생각 안 하고,
잘난 사람을 덩달아 따라 한다.

'숭어'와 '망둥이'는 바닷물고기예요. 숭어는 몸길이가 약 60cm나 되고 물 위로 뛰어오르는 힘이 아주 좋아요. 하지만 망둥이는 몸길이가 약 20cm 정도로 작고 힘이 약하지요. 그런데도 숭어가 뛰면 똑같이 뛰어오르려 한다는 말로, 자기 실력도 모르고 실력이 좋은 사람을 무조건 따라 한다는 뜻의 속담이에요.

이럴 때 써요

 멍이 작은누나가 영어 말하기 대회 나간다더라? 그래서 나도 나가려고.

숭어가 뛰니까 망둥이도 뛴다더니! 담임 선생님 추천이 있어야 대회에 나갈 수 있는 거야. 멍이네 누나는 추천을 받았다고.

이런 말도 있어요

혀가 짧아도 침은 길게 뱉는다
자기 능력에 비해 지나치게 있는 척한다.

혀가 짧은 것은 생각하지 않고 혀가 긴 것처럼 침을 길게 뱉는다는 말이에요. 자기가 가진 능력보다 더 잘하는 척한다는 뜻이지요. 자기 분수를 모르는 사람을 가리키는 속담이에요.

078 아닌 밤중에 홍두깨

✅ 수업 시간에 생긴 일 ❶

이런 뜻이에요

별안간 엉뚱한 말이나 행동을 하다.

'아닌 밤중에'는 뜻하지 않은 밤중이라는 뜻이에요. 그러니까 이 속담은 밤중에 누군가 느닷없이 홍두깨를 들이댄다는 말로, 상황에 맞지 않는 엉뚱한 말이나 행동을 할 때를 가리켜요.

이럴 때 써요

 넌 추위를 많이 타, 더위를 많이 타? 난 더위를 더 많이 타.

난 자전거를 많이 타.

 엥? 그게 무슨 아닌 밤중에 홍두깨 같은 말이야?

이런 말도 있어요

자다가 봉창 두드린다
뜻밖의 말이나 행동을 불쑥 하다.
'봉창'은 열고 닫지 못하게 막은 창문이에요. 이 속담은 한참 달게 자고 있는데 누군가 봉창을 두드려 놀라게 한다는 말로, 갑자기 뜻밖의 행동이나 말을 할 때를 가리켜요.

079 어물전 망신은 꼴뚜기가 시킨다

✅ **수업 시간에 생긴 일 ❷**

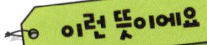 이런 뜻이에요

어리석은 사람일수록
주변 사람들까지 망신시킨다.

'어물전'은 생선, 김, 미역 등을 파는 가게예요. '꼴뚜기'는 오징어와 비슷하게 생겼지만 크기가 훨씬 작은 해물이지요. 이 속담은 하찮은 꼴뚜기가 어물전에 있는 다른 해물들을 망신시킨다는 말이에요. 한 사람의 잘못된 행동 때문에 주위 사람까지 손가락질을 받을 때 사용하지요.

 이럴 때 써요

 늘보야, 왜 그렇게 시무룩해?

 아까 어떤 나무늘보가 도서관에서 떠들다가 혼났어. 다른 애들이 나도 그럴 줄 알고 힐끔힐끔 쳐다보더라.

 어물전 망신은 꼴뚜기가 시킨다더니, 나무늘보 얼굴에 먹칠을 했구나?

이런 말도 있어요

과일 망신은 모과가 시킨다
어리석은 사람일수록 주변 사람들까지 망신시킨다.
'모과'는 배와 비슷한 과일로, 모양이 우툴두툴해요. 이렇듯 못생긴 모과가 다른 과일 모두를 망신시킨다는 말로, 못난 사람이 주변 사람들을 부끄럽게 만든다는 뜻이에요.

080 우물 안 개구리

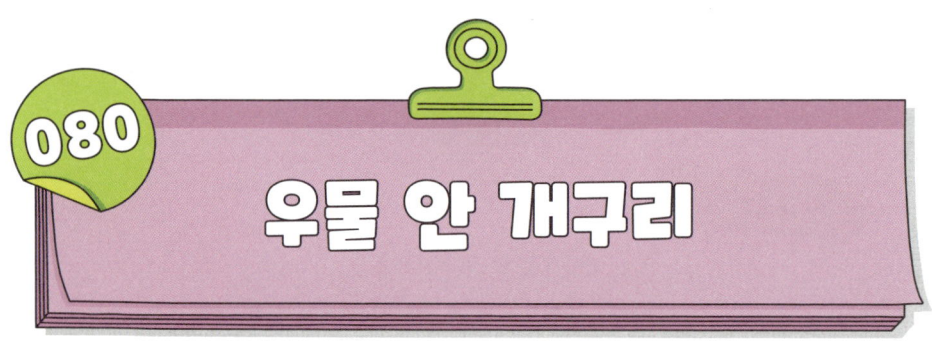

✅ **아이돌 오디션 ❶**

*예선: 경기나 대회의 예비 심사 단계.

이런 뜻이에요

넓은 세상을 알지 못하는 사람.

우물이 아무리 깊고 넓어도, 그 안에서는 하늘이 우물 입구만큼만 보여요. 그래서 하늘이 얼마나 넓은지 알 수 없지요. 이 속담은 우물에 사는 개구리는 자기의 눈에 보이는 하늘을 온 세상으로 믿는다는 말로, 넓은 세상에 대한 경험과 지식이 없는 사람을 가리켜요.

이럴 때 써요

우리나라 애니메이션이 제일 재밌는 것 같아.

그런 말은 다른 나라 애니메이션도 본 다음에 해. 넌 우리나라 애니메이션밖에 못 본 우물 안 개구리잖아.

나, 개구리가 아니라 너구리야.

이런 말도 있어요

바늘구멍으로 하늘 보기
전체를 넓게 보지 못한다.
조그만 바늘구멍을 통해 넓디넓은 하늘을 본다는 말로, 매우 적은 경험과 지식으로 세상을 바라본다는 뜻이에요. 전체를 보지 못하고 매우 좁게 생각하거나 관찰하는 행동을 꼬집는 속담이지요.

081 우물을 파도 한 우물을 파라

☑ **아이돌 오디션 ❷**

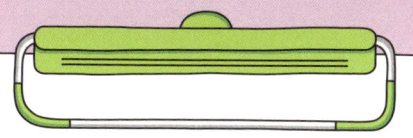

이런 뜻이에요

이것저것 여러 일을 하는 것보다
한 가지를 끝까지 해야 성공한다.

우물을 팔 때에 물이 나오는 깊이를 알 수 없어서 때로는 아주 깊은 땅속까지 파야 해요. 이 속담은 땅 여기저기를 얕게 파다 보면 우물 하나도 제대로 팔 수 없다는 말로, 중간에 포기하지 않고 한 가지 일을 끝까지 해야 성공할 수 있다는 뜻이에요.

이럴 때 써요

난 아직 커서 뭐가 되고 싶은지 모르겠어.

내 꿈은 의사, 요리사, 배우, 버스 운전사야.

우물을 파도 한 우물을 파라는 말이 있어.
꿈을 이루려면 하나만 고르는 게 낫지 않을까?

이런 말도 있어요

열두 가지 재주에 저녁거리가 없다
여러 가지 재주가 있는 사람이 한 가지 재주만 가진 사람보다 성공하기 어렵다.
'저녁거리'는 저녁밥으로 먹을 음식이나 만들 재료를 뜻해요. 이 속담은 재주가 열두 가지나 있는데도 저녁거리 하나를 못 챙긴다는 말이에요. 제대로 된 재주 하나가 어설픈 여러 재주보다 낫다는 뜻이지요.

082 원수는 외나무다리에서 만난다

✅ **아이돌 오디션 ❸**

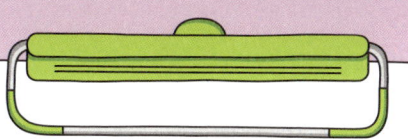

싫어하는 사람을
피할 수 없는 곳에서 우연히 만나다.

'외나무다리'는 한 개의 통나무로 놓은 다리예요. 매우 좁기 때문에, 외나무다리에서 사람을 마주치면 서로 피할 길이 없어요. 그러니까 이 속담은 원수처럼 싫어하는 사람을 어쩔 수 없는 곳에서 만났을 때를 빗댄 말이에요.

구리구리! 잘 지냈어?
여기선 네 이름 가지고 놀리는 애들 없고?

원수는 외나무다리에서 만난다더니,
릴라 네가 우리 학교에 웬일이야?

나도 이 학교로 전학 올 거야.

이런 말도 있어요

오월동주(吳越同舟) 사자성어
적끼리 한자리에 있게 되거나 서로 협력하다.
오나라 오(吳), 월나라 월(越), 한가지 동(同), 배 주(舟). 오나라와 월나라는 옛날 중국에 있던 나라로, 사이가 나빴어요. 어느 날, 오나라 사람과 월나라 사람이 같은 배를 탔다가 거센 바람과 파도를 만났지요. 둘은 어쩔 수 없이 힘을 합쳐 위기를 극복했답니다. 이처럼 싫은 사이에 서로 협력해야 할 때 쓰는 사자성어예요.

083 윗물이 맑아야 아랫물이 맑다

✅ 전학 온 릴라 ❶

릴라랑 릴라 형이네? 아, 전학 온다고 했지? 제발 우리 반은 안 됐으면 좋겠다.

학교에서는 아는 척하지 마. 귀찮으니까.

쳇, 형이나 아는 척하지 마.

무슨 형이 저래? 릴라가 형 닮아서 못됐나?

윗물이 맑아야 아랫물이 맑으니까.

형한테 저런 소리를 듣다니. 속상하겠다.

윗사람이 바르게 행동해야 아랫사람도 본받는다.

물은 위에서 아래로 흘러요. 따라서 윗물이 맑아야 아랫물이 맑지요. 여기서 '윗물'은 윗사람을, '아랫물'은 아랫사람을 가리켜요. 윗사람이 올바르게 행동해야 아랫사람도 따라서 잘하게 된다는 뜻이지요.

방학하자마자 늦잠 자는 거야?
이럴 거면 방학 계획표는 왜 만들었니?

윗물이 맑아야 아랫물이 맑지.
작은누나도 아직 꿈나라잖아.

제일 윗물은 첫째인 나야. 얼른 일어나.

부모가 착해야 효자 난다
부모가 착해야 자식도 부모를 닮아 착하다.
착한 부모를 보고 배운 자식이 착한 일을 한다는 말로, 윗사람이 잘해야 아랫사람도 잘한다는 뜻이에요.

속담 퀴즈

빈칸을 채워 가로세로 낱말 퀴즈를 풀어 보세요.

가로

1. 과일 ○○은 모과가 시킨다
2. ○○독이. 아무리 가르쳐도 알아듣지 못한다는 뜻의 사자성어
4. 윗물이 맑아야 ○○○이 맑다
6. 목수가 많으면 ○○이 기울어진다
7. ○○○ 삼 년에 풍월을 읊는다
10. ○○이 많으면 배가 산으로 간다
11. 원수는 ○○○○○에서 만난다
13. 장님 ○○○ 만지는 격

세로

1. 숭어가 뛰니까 ○○○도 뛴다
2. ○○을 파도 한 우물을 파라
3. 쇠귀에 ○○○
4. ○○ 밤○에 홍두깨
5. ○○○이 사람 잡는다
8. 우물 안 ○○○
9. ○○○도 꺾을 때 꺾는다
11. 소 잃고 ○○○ 고친다
12. 사또 떠난 뒤에 ○○ 분다

			1						
		2		독	3				
4								5	
					6				
밤							7		8
		9							
		10			11	12			
13									

가로 1 양치 | 2 우아이죽장 | 4 아몽룡 | 6 기동 | 7 사장개 | 10 사냥 | 11 있나다리 | 13 끼끼지

세로 1 양동이 | 2 우유 | 3 장 담기 | 4 야구 방망이 | 5 친구들 | 6 아주 멀음 | 7 개구리 | 8 고기잡이 | 9 가지 | 10 과일 | 11 인형놀이 | 12 그림

초성을 보고, 빈칸을 채워 속담을 완성해 보세요.

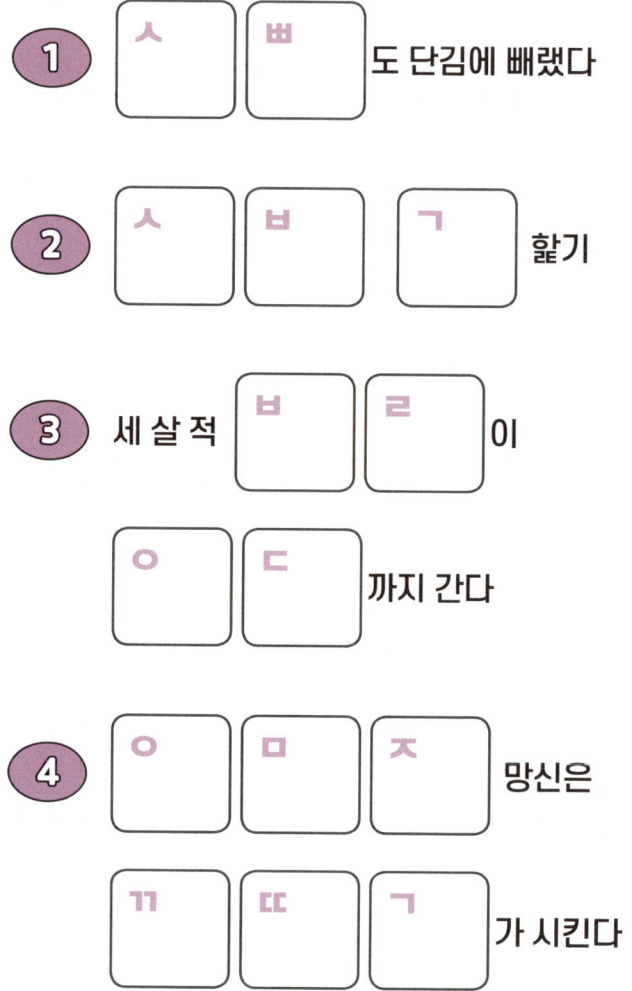

1. ㅅ ㅃ 도 단김에 빼랬다

2. ㅅ ㅂ ㄱ 핥기

3. 세 살 적 ㅂ ㄹ 이 ㅇ ㄷ 까지 간다

4. ㅇ ㅁ ㅈ 망신은 ㄲ ㄸ ㄱ 가 시킨다

1 쇠뿔 | 2 수박 겉 | 3 버릇, 여든 | 4 어물전, 꼴뚜기

왼쪽의 상황과 어울리는 속담을 찾아 연결해 보세요.

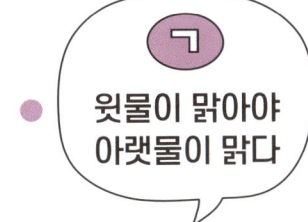

ㄱ
윗물이 맑아야 아랫물이 맑다

ㄴ
쇠귀에 경 읽기

ㄷ
사공이 많으면 배가 산으로 간다

1-ㄴ | 2-ㄷ | 3-ㄱ

084 자라 보고 놀란 가슴 솥뚜껑 보고 놀란다

✅ **전학 온 릴라 ❷**

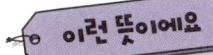 이런 뜻이에요

무언가에 몹시 놀란 사람은
그와 비슷한 것만 봐도 겁을 낸다.

'자라'는 거북과 생김새가 비슷한 동물이에요. 강한 이빨을 가지고 있어서 물리면 굉장히 아프지요. 이 속담은 자라를 보고 놀란 사람은 자라의 등딱지와 비슷하게 생긴 솥뚜껑을 보고도 깜짝 놀라고 겁먹는다는 뜻이에요.

 이럴 때 써요

 으악! 방에 바퀴벌레가 있어!

 아이고, 바퀴벌레가 아니라 건포도야. 자라 보고 놀란 가슴 솥뚜껑 보고 놀랐구나?

 응. 내 방에서 바퀴벌레를 본 다음부터 비슷한 것만 봐도 소름이 끼쳐.

이런 말도 있어요

몹시 데면 회도 불어 먹는다
어떤 일을 된통 당한 사람은 그와 비슷한 것만 봐도 겁을 먹는다.
뜨거운 것에 데어 본 사람은 겁이 나서 차가운 회조차도 뜨거울까 봐 후후 불어서 식혀 먹는다는 말이에요.

085 작은 고추가 더 맵다

✅ **전학 온 릴라 ❸**

내가 너희 학교로 전학 와서 싫지?
알긴 아는구나? 게다가 우리 반에, 내 옆자리라니….

예전에 내가 널 놀려서 미안해. 내가 놀림을 당해 보니까 네 맘을 알겠더라.
너도 놀림을 당했다고? 왜?

교실에서 귀신을 봤는데, 애들이 안 믿더라고. 게다가 거짓말쟁이라고 놀리더라.
힘들었겠다.

또 귀신이 나타나면 말해. 작은 고추가 더 맵다는 말 알지? 내가 널 지켜 줄게.
고마워.

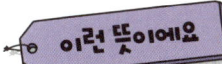 이런 뜻이에요

몸집이 작아도 재주가 뛰어나고 영리하다.

크기가 큰 오이고추보다 작은 청양고추가 더 매운 것처럼 사람도 몸집이 작거나 나이가 어린 사람이 더 용감하고, 영리할 때가 있지요. 그러니까 나보다 작거나 어리다고 해서 무턱대고 무시하지 말고 존중하라는 가르침이 담겨 있어요.

이럴 때 써요

 문이 고장 났나 봐. 아무리 밀어도 안 열리네?

비켜 봐. 내가 해 볼게. 여는 방법이 있어.

 나도 못 하는 걸 네가 어떻게 열어? 넌 나보다 훨씬 작잖아.

작은 고추가 더 맵다는 말 몰라? 봐, 열렸잖아.

이런 말도 있어요

거미는 작아도 줄만 잘 친다

비록 몸집은 작아도 제 할 일은 다 한다.

거미는 크기는 작아도 거미줄 치는 일은 누구보다 잘해요. 이처럼 몸집이 작더라도 야무지고 똑똑하게 맡은 일을 잘한다는 뜻이에요.

086 재주는 곰이 넘고 돈은 주인이 받는다

☑ 핼러윈 ❶

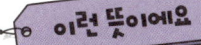

수고한 사람은 따로 있는데, 보상은 다른 사람이 받는다.

재주 부리는 곰을 보고 구경꾼들이 돈을 내면, 곰의 주인이 그 돈을 갖는다는 뜻이에요. 이런 상황처럼 수고해 일한 사람은 따로 있는데, 다른 사람이 이익을 챙길 때 쓰는 속담이에요.

어머나! 가릉이가 세쌍둥이를 재운 거야? 기특해라. 저녁은 가릉이가 먹고 싶은 걸로 시켜 먹자.

언니가 재워서 자는 거 아니에요. 제가 잘 놀아 줘서 동생들이 곯아떨어진 거라고요.

그래? 재주는 곰이 넘고 돈은 주인이 받을 뻔했네? 꾹꾹이 먹고 싶은 것도 시키자.

이런 말도 있어요

죽 쑤어 개 준다
애써 한 일이 엉뚱한 사람에게 이익이 되다.
'쑤다'는 곡식을 물에 끓여 죽을 만든다는 뜻이에요. 그러니까 이 속담은 정성 들여 만든 죽을 뜻하지 않게 개에게 주게 되었다는 말이에요. 내가 노력하여 생긴 이익을 엉뚱한 사람이 챙길 때 쓰지요.

087 쥐구멍에도 볕 들 날 있다

✅ 핼러윈 ❷

"사탕을 안 주면 장난칠 거예요!"

느릿 느릿

"늘보야, 사탕 받아 가야지!"

"사탕이 아직 남았어요?"

"그럼! 한 명도 빠짐없이 주려고 많이 준비했는걸. 마지막에 오는 릴라 친구한테 주려고 초콜릿도 준비했지."

쥐구멍에도 볕 들 날 있네요. 걸음이 느려서, 제가 가면 늘 사탕이 없었거든요.

"네가 기뻐하니 아줌마도 기분이 좋다."

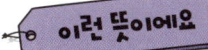 **이런 뜻이에요**

지금 당장은 힘들어도
언젠가는 좋은 날이 온다.

쥐가 드나드는 쥐구멍은 작고 구석진 곳에 있어서, 어두컴컴해요. 하지만 해가 움직이면서 잠깐 동안 햇빛이 쥐구멍을 비추기도 하지요. 쥐구멍은 어렵고 힘든 상황을, 볕 들 날은 좋은 날을 의미해요. 즉, 어렵고 힘들게 사는 사람에게도 언젠가는 좋은 일이 생긴다는 뜻이에요.

이럴 때 써요

 우리 왈이도 용돈 올려 줄 때가 된 것 같은데? 얼마를 더 줄까?

드디어 용돈 올려 주시는 거예요? 야호! 쥐구멍에도 볕 들 날 있네요!

 하하. 이 녀석, 그동안 용돈이 많이 모자랐구나?

이런 말도 있어요

고진감래(苦盡甘來) 〈사자성어〉
힘든 일을 겪은 후에는 반드시 좋은 일이 생긴다.
'쓸' 고(苦), '다할' 진(盡), '달' 감(甘), '올' 래(來). 쓴 것이 다하면 단 것이 온다는 말로, 고된 일 끝에는 반드시 즐겁고 좋은 일이 온다는 뜻이에요.

088 지렁이도 밟으면 꿈틀한다

✅ 방학 숙제 ❶

늘보야, 방학 숙제 다 했어?

응, 거의 다 했어.

난 일기가 한참 밀렸는데, 몰아서 쓰려니까 무슨 일이 있었는지 생각이 안 나. 그날그날 날씨도 모르고.

내 일기장 보여 줄 테니까 날씨만 봐.

일기도 보면 안 돼? 조금만 베껴 쓸게.

뭐라고?

숙제를 베끼면 안 되지!

지렁이도 밟으면 꿈틀한다더니, 너도 화낼 줄 아는구나.

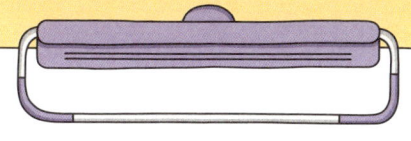

이런 뜻이에요

아무리 순한 사람도 너무 하찮게 여기면 가만있지 않는다.

지렁이는 소리도 못 내고, 땅을 기어다니는 약한 동물이에요. 그러한 지렁이도 사람에게 밟히면 꿈틀거리며 반응하지요. 이 속담은 아무리 순한 사람도 함부로 대하면 화를 낸다는 뜻이에요. 그러니 나보다 약한 사람이라고 얕보고 괴롭히면 안 되겠지요?

이럴 때 써요

콩이야, 떡볶이는 다음에 먹으러 가자.
엄마가 집에 일찍 오라셔.

콩이야, 나도 오늘 떡볶이 먹으러 못 가.
용돈 다 썼거든.

너희들, 벌써 몇 번째 약속 깨는 줄 알아? 너희랑 다시는 약속 안 할 거야. 지렁이도 밟으면 꿈틀한다고!

이런 말도 있어요

참새가 죽어도 짹 한다
아무리 약한 것이라도 너무 괴롭히면 가만있지 않는다.
작고 연약한 참새가 사람들에게 괴롭힘을 당해 죽으면, 죽으면서도 '짹!' 소리를 낸다는 말이에요. 약한 사람을 함부로 대하지 말라는 가르침을 담고 있지요.

089 짚신도 제짝이 있다

✅ **방학 숙제 ❷**

우리 아빠는 2층에 작품 보러 가셨어. 체험 학습 보고서에 붙일 사진 찍을까?

맞다! 우리, 방학 숙제하러 온 거지? 깜빡 잊을 뻔했어.

근데, 깡총이는 어디 갔어?

재미없다고 나갔어. 사진은 내가 대신 찍어 주려고.

제멋대로인 깡총이와 네가 단짝이라니. **짚신도 제짝이 있다**는 말이 맞나 봐.

ㅎㅎ

늘보야, 밖에 나무늘보 조각상 있어! 사진은 콩이한테 찍으라 하고 얼른 나와 봐.

콩이만 두고 나갈 순 없잖아.

아빠랑 있을게. 다녀와.

어휴

아무리 못난 사람이라도 자기 짝이 있다.

'짚신'은 옛날에 신던 신발로, 볏짚으로 만들어 다른 신발에 비해 값이 쌌어요. 이렇듯 하찮은 짚신도 반드시 오른쪽, 왼쪽이 짝을 이루어요. 그러니까 이 속담은 아무리 보잘것없는 사람이라도, 어울리는 짝이 있다는 말이에요.

아빠는 시를 너무 좋아해서 집 밖에 안 나오고 시만 읽고 썼다면서요?

그랬지. 서점 갈 때 말고는 집에만 있었단다.

근데 어떻게 엄마를 만나서 결혼했어요?

짚신도 제짝이 있다는 말이 있잖니? 서점 시집 코너에서 만나 첫눈에 반했단다.

고슴도치도 살 친구가 있다
누구에게나 뜻이 맞는 친구가 있다.
뾰족한 가시가 있는 고슴도치도 찔릴 걱정을 안 해도 되는 친구가 있다는 말이에요. 아무리 괴팍하고 고약한 사람이라도, 친한 친구나 짝이 있다는 뜻이지요.

090 참새가 방앗간을 그저 지나랴

☑ 엄마는 절약왕 ❶

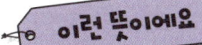 **이런 뜻이에요**

욕심 많은 사람은 탐나는 것을 보면
그냥 지나치지 못한다.

'방앗간'은 곡식을 찧거나 빻는 곳이에요. 참새가 좋아하는 곡식 알갱이가 많지요. 당연히 참새는 곡식 알갱이가 먹고 싶어서 방앗간을 기웃거릴 거예요. 이 속담은 욕심 많은 사람은 이익이 될 만한 것을 보면 그냥 가지 못한다는 뜻과 좋아하는 곳을 그대로 지나치지 못한다는 뜻을 가지고 있어요.

이럴 때 써요

> 와! 저 원피스 너무 예쁘다.
> 엄마, 옷 구경하고 가면 안 돼요?

> 와! 새로 나온 장난감이다!
> 엄마, 장난감 구경하고 가면 안 돼요?

> 너희 마트 올 때마다 이럴래?
> 하긴, 참새가 방앗간을 그저 지나랴.

이런 말도 있어요

아홉 가진 놈이 하나 가진 놈 부러워한다

가지면 가질수록 욕심이 더 생긴다.
아홉 개나 가진 사람이 더 갖고 싶어, 하나 가진 사람을 부러워한다는 말이에요. 많이 가질수록 욕심이 더 생긴다는 뜻의 속담이지요.

091 천 리 길도 한 걸음부터

☑ **엄마는 절약왕 ❷**

너도 형처럼 이제부터 저금통에 돈을 모아 봐.
저금할 돈이 없어요.

아껴 쓰고 남은 용돈, 세뱃돈, 친척들이 주시는 용돈, 얼마나 많아?
이미 다 써 버린걸요.

저금통 생긴 기념으로 돈을 넣어 줄게. 자, 빈 병 반납하고 받은 1,000원.
에이 고작 1,000원이요?

천 리 길도 한 걸음부터라는 말이 있어. 저금을 시작했다는 게 중요한 거야.
네….

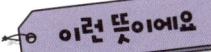 **이런 뜻이에요**

무슨 일이든 시작이 중요하다.

1,000리는 약 400킬로미터예요. 이렇게 먼 길을 가는 것도 한 걸음 떼는 것부터 시작한다는 말로, 아무리 어려운 일도 시작이 중요하다는 뜻이에요. 시작하지 않으면 아무것도 이룰 수 없으니까요.

이럴 때 써요

 방과 후 연극 수업에서 주인공을 맡은 건 좋은데, 대사가 엄청 많아. 언제 다 외우지?

천 리 길도 한 걸음부터! 첫 장면부터 시작해 보자. 내가 상대 역할 해 줄게.

 고마워. 다음엔 너도 연극 같이하면 좋겠다.

이런 말도 있어요

시작이 반이다
시작하기는 어려워도 시작만 하면 끝내는 것은 어렵지 않다.
무슨 일이든지 시작하기 전에는 망설이고 고민하게 되지만, 일단 시작하고 나면 반은 한 것이나 다름없다는 말이에요. 망설이지만 말고, 일단 도전해 보라는 가르침이 담겨 있지요.

092 콩 심은 데 콩 나고 팥 심은 데 팥 난다

✅ **금붕어 돌보기**

금붕어가 왜 이렇게 힘이 없지? 배고픈가?

밥도 안 먹네? 엄마! 금붕어가 이상해요! 아픈가 봐요.

물이 뿌옇잖아. 이번 주에 물 갈아 줬어? 너랑 가릉이가 하기로 했잖아.

앗! 깜빡 잊었어요.

너희가 정성을 들여야 금붕어가 건강하다고. 콩 심은 데 콩 나고 팥 심은 데 팥 나는 거야.

앞으로 잘 돌볼게요.

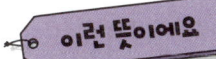

모든 일은 원인에 따라
그에 걸맞은 결과가 나타난다.

땅에 콩을 심으면 콩이 자라고, 팥을 심으면 팥이 자라는 것은 아주 당연해요. 이렇듯, 모든 결과에는 원인이 있다는 말이에요. 열심히 공부하면 좋은 성적을 받고, 열심히 운동하면 건강해지는 것처럼요.

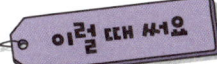

이 팬케이크를 정말 네가 만들었다고?
우리 멍이가 누굴 닮아서 요리를 잘하지?

콩 심은 데 콩 나고 팥 심은 데 팥 난다잖아요.
당연히 요리 잘하는 아빠를 닮은 거죠.

말 잘하는 것도 나를 닮았네? 허허.

이런 말도 있어요

뿌린 대로 거둔다(You reap what you sow) 외국 속담
어떤 일이든 원인에 걸맞은 결과가 나타난다.
봄에 씨앗을 많이 뿌리면 가을에 풍성한 곡식을 얻듯이, 어떤 일이든 한 만큼의 결과가 나온다는 뜻이에요. 나쁜 마음으로 하거나 게으름을 피우면 나쁜 결과가, 좋은 마음으로 열심히 하면 좋은 결과가 따르지요.

093 콩으로 메주를 쑨다 하여도 곧이듣지 않는다

✅ **엄마의 잔소리**

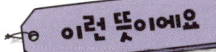

아무리 사실대로 말해도 믿지 않는다.

'메주'는 콩으로 만든 것으로, 간장, 된장, 고추장 등을 담그는 재료예요. '쑤다'는 메주를 만든다는 뜻이고요. 또한, '곧이듣다'는 남의 말을 그대로 듣고 믿는다는 뜻이에요. 그러니까 이 속담은 콩으로 메주를 만든다고 해도 믿지 않는다는 말로, 사실대로 말했는데도 의심받을 때 쓰지요.

나한테 빌려 간 게임기 가져왔어?
설마 오늘도 깜빡한 건 아니지?

아, 어제 분명히 챙겨 놨는데 깜빡했어.
내일은 꼭 가져올게.

이제 네 말은 콩으로 메주를 쑨다 하여도 곧이듣지 않아.
지금 너희 집에 가지러 가자.

의심이 병

지나치게 의심이 많아 속을 태우다.

'의심'은 믿지 못하는 마음이에요. 이 속담은 믿지 못하는 마음을 병에 걸린 것과 같다고 말해요. 쓸데없이 지나치게 의심하는 태도를 멀리해야 한다는 뜻이지요.

094 티끌 모아 태산

✅ **크리스마스 선물**

언니, 나랑 엄마 크리스마스 선물 같이 사자.

어떡하지? 난 벌써 이번 달 용돈을 다 써 버렸어.

엄마한테 예쁜 장갑 선물하고 싶은데, 돈이 모자라.

맞다! 100원 장통!

100원짜리 동전만 모아서 얼마 안 될 것 같은데?

내가 1학년 때부터 모은 거야.

우아! 엄청 많다.

이런 게 바로, **티끌 모아 태산**이라고!

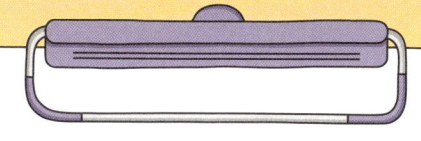

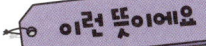

작은 것이라도 모이고 모이면
나중에 큰 것이 된다.

'티끌'은 먼지예요. 그러니까 이 속담은 먼지를 모으고 모으면 큰 산이 된다는 말이지요. 작고 보잘것없는 일이어도 하찮게 여기지 말고, 차근차근 꾸준히 하라는 가르침을 담고 있어요.

우유 다 먹었으면 우유갑 내가 가져가도 되지?

우유갑 재활용해서 거대한 로봇을 만든다고 했지?
근데 언제 우유갑을 그만큼 모으냐?

티끌 모아 태산이야. 벌써 절반은 모았다고.

이런 말도 있어요

실도랑 모여 대동강이 된다
작은 것이라도 모이고 모이면 나중에 큰 것이 된다.
'실도랑'은 매우 좁고 작은 개울이고, '대동강'은 북한에 있는 아주 큰 강이에요. 그러니까 이 속담은 작은 개울이 모여 큰 강을 이룬다는 말로, '티끌 모아 태산'과 같은 뜻이에요.

095 하늘이 무너져도 솟아날 구멍이 있다

☑ **캠핑하는 구리구리 가족 ❶**

아무리 어려운 상황에 처하더라도
벗어날 방법이 있다.

하늘이 무너지더라도 빠져나갈 구멍이 있다는 말로, 아무리 어려운 일이 닥쳐도 벗어날 길이 생긴다는 뜻이에요. 그러니 어려움이 있더라도 절대로 포기하지 말고 방법을 찾으라는 가르침이 담겨 있지요.

어떡해, 어떡해! 세쌍둥이가 새 학기 교과서에 낙서를 잔뜩 해 놨어. 헌책인 줄 알았대.

울지 마. 하늘이 무너져도 솟아날 구멍이 있어. 언니가 교과서 파는 서점이 있는지 알아볼게.

제발 있었으면 좋겠다.

이런 말도 있어요

호랑이에게 물려 가도 정신만 차리면 산다
아무리 위급한 상황에 처하더라도 정신만 똑바로 차리면 벗어날 수 있다.
호랑이에게 물려 어디론가 끌려갔더라도, 정신을 똑바로 차리면 살 방법이 떠오른다는 말이에요. 위급한 상황일수록 침착한 마음을 잃지 말고, 해결 방법을 찾으라는 뜻이지요.

096 하룻강아지 범 무서운 줄 모른다

✅ **캠핑하는 구리구리 가족 ❷**

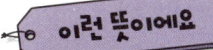

자기보다 훨씬 센 사람에게 철없이 함부로 덤비다.

'하룻강아지'는 태어난 지 얼마 안 된 어린 강아지를 말해요. '범'은 호랑이고요. 하룻강아지는 호랑이에 대해 모르니 무서운 줄도 모르겠지요. 그래서 겁도 없이 호랑이한테 짖는다는 말이에요. 나보다 센 사람에게 멋모르고 덤빌 때, 도저히 할 수 없는 일을 무턱대고 할 때 쓰는 속담이지요.

 나 요즘 키도 크고 힘도 세진 것 같아. 나랑 팔씨름해 볼래?

 토끼가 고릴라한테 팔씨름하자고? 하하! 하룻강아지 범 무서운 줄 모르는구나?

 안 되겠다. 늘보한테 하자고 해야지.

이런 말도 있어요

개미가 정자나무 건드린다
크고 센 것에 몹시 작은 것으로 덤비려 한다.
'정자나무'는 집 근처나 길가에 있는 큰 나무예요. 커다란 나무를 작은 개미가 건드린다는 말로, 몹시 작거나 약한 것으로 아주 크거나 센 것에게 함부로 덤빈다는 뜻이에요.

097 한술 밥에 배부르랴

✅ **태권도 검은 띠***

이건 주먹을 뻗어 상대의 가슴을 지르는 지르기!
얍!
오!

이건 앞 차기! 아자!
멋져! 태권도복 입은 모습도 보고 싶다.

나도 태권도 배우면 너처럼 폼 나게 앞 차기 할 수 있을까?
한술 밥에 배부르겠어? 오래 배워야 나만큼 할 수 있어.

오래 했구나…. 그럼 넌 검은 띠야?
아니, 아직 흰 띠*야.

*검은 띠: 태권도에서 맨 아래 등급 이상의 실력을 갖추면 매는 띠.
*흰 띠: 태권도에서 처음 배우는 사람이 매는 띠.

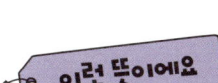

어떤 일이든 처음부터 만족할 만한 결과를 기대할 수는 없다.

'한술'은 한 숟가락 정도의 매우 적은 음식을 가리켜요. 그러니까 이 속담은 밥 한 숟가락 먹고 배가 부를 수 없다는 말로, 무슨 일이든 처음부터 큰 성과가 나타나지는 않는다는 뜻이에요. 시간과 노력을 많이 들여야 만족할 만한 결과를 볼 수 있지요.

어제 미술 학원에서 친구 얼굴 그리기를 해서, 네 얼굴을 그렸어. 이것 봐.

응? 이게 나라고? 하나도 안 닮았는데?

그림 배운 지 얼마 안 돼서 그래. 한술 밥에 배부르겠니?

이런 말도 있어요

로마는 하루아침에 이루어지지 않았다(Rome wasn't built in a day) 〔외국 속담〕
크고 중요한 일도 시작은 작았으며, 결실을 맺는 데 오래 걸린다.
'로마'는 옛날 유럽의 거대한 제국이고, '하루아침'은 아주 짧은 시간을 뜻해요. 그러니까 로마도 오랜 시간에 걸쳐 큰 제국이 된 것처럼 중요한 일일수록 서두르지 말고 시간과 노력을 들이라는 말이에요.

098 호미로 막을 것을 가래로 막는다

✓ **망가진 눈썰매**

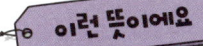 **이런 뜻이에요**

쉽게 해결할 일을 미루다가
나중에 큰 힘을 들인다.

'호미'와 '가래'는 둘 다 흙을 파는 농기구인데, 가래가 호미보다 훨씬 커요. 이 속담은 작은 호미로도 할 수 있는 일을 미루다가 커다란 가래를 쓴다는 말이에요. 적은 힘으로도 할 수 있는 일에 쓸데없이 큰 힘을 들인다는 뜻도 있지요.

이럴 때 써요

 멍이야, 밥도 안 먹고 종일 방에 틀어박혀서 뭐 하니?

오늘 학습지 선생님 오시잖아요.

 또 학습지 숙제 밀린 거야? 하루에 10분씩만 하면 되는데, 호미로 막을 것을 가래로 막는구나.

이런 말도 있어요

새 잡아 잔치할 것을 소 잡아 잔치한다
간단한 일을 처음에 소홀히 하다가 나중에 큰 손해를 입는다.
작은 새를 잡아서 잔칫상을 차릴 수 있었는데 소를 잡게 되었다는 말이에요. 큰 손해를 볼 수 있으니 간단한 일일 때 해결하라는 가르침이 담겨 있지요.

099 호박이 넝쿨째로 굴러떨어졌다

✅ 편의점에서 생긴 일

스티커를 살까? 초콜릿을 살까? 둘 중에 하나 살 돈밖에 없는데….

초콜릿은 먹으면 없어지지만, 스티커는 계속 볼 수 있어. 아니지, 초콜릿은 멍이랑 나눠 먹을 수가 있지.

스티커는 나중에 사고, 오늘은 초콜릿을 사야겠다.

초콜릿을 사면 스티커를 공짜로 드려요.

정말요? 호박이 넝쿨째로 굴러떨어졌네요!

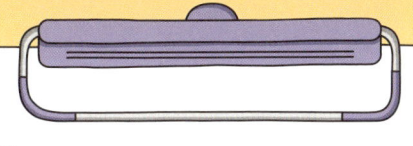

이런 뜻이에요

우연히 좋은 물건을 얻거나 좋은 일이 생기다.

옛날에는 열매는 물론이고 호박잎도 먹을 수 있어서 호박의 쓸모가 많았어요. 그런데 길을 가다가 호박이 넝쿨째 굴러떨어지면 어땠을까요? 운이 무척 좋다고 생각했을 거예요. 그러니까 이 속담은 아무 힘도 들이지 않고 아무런 기대도 하지 않았는데, 뜻밖의 행운이 찾아왔다는 뜻이에요.

이럴 때 써요

방귀 대장 뽁뽁이 뮤지컬 초대권이 생겼어요. 꾹꾹이랑 세쌍둥이들도 같이 가면 어떨까요?

어머나! 마침 애들이 그 뮤지컬 보고 싶다고 했는데, 호박이 넝쿨째로 굴러떨어졌네요! 감사해요.

이런 말도 있어요

선반에서 떨어진 떡
아무런 힘도 들이지 않고 이익을 보다.
가만히 있는데 선반 위에서 떡이 뚝 떨어져서 갖게 되었다는 말이에요. 힘들이지 않고, 생각하지도 못한 좋은 일이 생기거나 좋은 물건을 얻게 되었다는 뜻이지요.

100 황소 뒷걸음치다가 쥐 잡는다

✅ **새 학년 새 교실**

어쩌다 우연히 알아맞히거나 무언가를 이루다.

황소가 아무 생각 없이 뒷걸음을 쳤는데, 마침 그 발에 쥐가 잡혔다는 말이에요. 얼떨결에 무언가를 알아맞히거나 좋은 결과를 얻었을 때 쓰는 속담이지요.

한글을 배우더니, 누나 이름을 쓴 거야? 귀여운 내 동생들!

황소 뒷걸음치다가 쥐 잡은 거야. 네 이름이 아니라 비둘기 울음소리를 쓴 거거든.

작은누나, 비둘기가 어떻게 우는 줄 알아? 꾹꾹, 꾹꾹.

이런 말도 있어요

장님이 문고리 바로 잡았다
어쩌다 우연히 어떤 일을 해내다.
'문고리'는 문을 걸어 잠그거나 손잡이로 쓰기 위해 문에 다는 고리예요. 이 속담은 앞을 못 보는 시각 장애인이 문고리를 곧장 잡았다는 말로, 재주나 지식이 없는 사람이 어떤 일을 우연히 해냈다는 뜻이에요.

초성 속담 퀴즈

빈칸을 채워 가로세로 낱말 퀴즈를 풀어 보세요.

가로

1. 장님이 ○○○ 바로 잡았다
3. 뿌○○○ 거둔다
5. ○룻○○○ 범 무서운 줄 모른다
7. 새 잡아 ○○할 것을 소 잡아 잔치한다
8. ○○ 모○ 태산
9. ○○○에게 물려 가도 정신만 차리면 산다
10. ○○이 반이다
12. 자라 보고 놀란 ○○ 솥뚜껑 보고 놀란다
13. ○진○○. 힘든 일을 겪은 후에는 반드시 좋은 일이 생긴다는 뜻의 사자성어

세로

2. ○○○○도 살 친구가 있다
4. 실도랑 모여 ○○○이 된다
5. 로마는 ○○○○에 이루어지지 않았다
6. ○○○도 밟으면 꿈틀한다
9. ○○이 넝쿨째로 굴러떨어졌다
11. ○○ ○○가 더 맵다
12. 호미로 막을 것을 ○○로 막는다

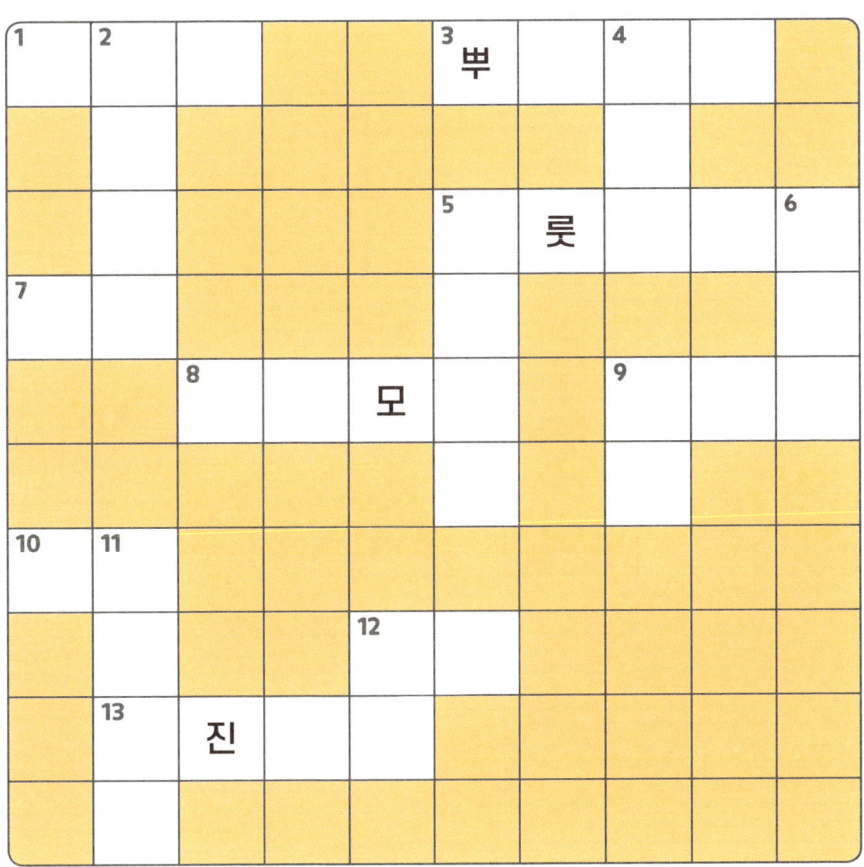

가로 1 윤고진 | 3 남북 대응 | 5 아프리카의아침 | 7 잔치 | 8 타령 문야 | 9 충청이 | 10 시냇 | 12 가야 | 13 고진정장재

세로 2 고풍두치 | 4 대동강 | 5 아르이아침 | 6 지팡이 | 9 후예 | 11 차장 | 12 거제

초성을 보고, 빈칸을 채워 속담을 완성해 보세요.

1. 재주는 ㄱ 이 넘고
   돈은 ㅈ ㅇ 이 받는다

2. ㅎ ㅅ ㅂ 에 배부르랴

3. ㅋ 심은 데 ㅋ 나고
   ㅍ 심은 데 ㅍ 난다

4. ㅊ ㄹ ㄱ 도 한 걸음부터

왼쪽의 상황과 어울리는 속담을 찾아 연결해 보세요.

ㄱ
짚신도 제짝이 있다

ㄴ
참새가 방앗간을 그저 지나랴

ㄷ
콩으로 메주를 쑨다 하여도 곧이듣지 않는다

1-ㄴ | 2-ㄱ | 3-ㄷ

ㄱ~ㅎ 속담 복습 퀴즈

속담의 사용이 올바른 문장을 따라 미로 길을 가 보세요.

출발 ↓

① 우리 가족을 흉보는 건 누워서 침 뱉기야.

② 방귀 뀐 놈이 성낸다고 아까 부딪힌 사람이 정중하게 사과하더라고.

③ 하늘이 무너져도 솟아날 구멍이 있다더니 학교에 지각할 것 같아서 뛰다가 넘어졌어.

④ 아빠께 주말에 놀이공원 가자고 하자. 두 손뼉이 맞아야 소리가 나는 거 알지? 같이 부탁하기야.

⑤ 가는 날이 장날이라고 아이스크림을 사러 갔는데 마침 할인 행사를 하고 있었어.

⑥ 미안하지만 내 코가 석 자라서 도와주기 힘들 것 같아.

⑦ 쥐구멍에도 볕 들 날 있다더니 선생님 몰래 과자를 먹다가 들켰어.

⑧ 못 먹는 감 찔러나 보려고 언니가 선물로 받은 케이크를 구경했어.

⑨ 비 온 뒤에 땅이 굳어진다더니 친구랑 싸웠다가 화해한 뒤로 사이가 더 좋아졌어.

도착 ↓

정답 1-4-5-6-9

알맞은 낱말을 색칠하여 대화에 어울리는 속담을 완성해 보세요.

어제 멍이 축구 경기하는 거 봤어? 무려 두 골이나 넣었대.

응, 봤지. 근데 상대편 선수가 더 잘하더라고. 세 골을 넣었거든.

1
| 뛰는 놈 | 옆에 | 나는 놈 | 있다 |
| 누운 놈 | 위에 | 서 있는 놈 | 없다 |

내 잃어버린 머리핀 찾아 준 거야? 역시 멍이가 최고야.

어? 그냥 바닥에 떨어져 있길래 주운 건데….

2
| 황소 | 뒷걸음치다가 | 새 | 잡는다 |
| 검은 소 | 춤추다가 | 쥐 | 잠든다 |

방이 왜 이렇게 더러워? 방이 깨끗해야 공부도 더 잘되는 거야. 이러면 물건도 찾기 힘들잖아.

언니도 어제 방 청소 안 해서 엄마께 혼나지 않았어?

3
| 두꺼비 | 올챙이 적 | 생각 | 한다 |
| 개구리 | 올챙이랑 | 노래 | 못 한다 |

글 신현경

한국 외국어 대학교에서 신문 방송학을 공부하고, 오랫동안 어린이 잡지 기자로 일하다가 동화 작가가 되었습니다. 청소년 단편 소설로 창비어린이 신인문학상을 받았고, 장편 동화로 푸른문학상 미래의 작가상을 받았습니다.
쓴 책으로는 《야옹이 수영 교실》, 《양말 마녀 네네칫》 시리즈, 《돼지 로봇 핑크》, 《나의 강아지 육아 일기》, 《멋대로 도서관》, 《무서운 에너지 고마운 에너지》, 《돈 잘 쓰는 할머니》, 《조선을 품은 대문》, 《급식 먹고 슈퍼스타》 등이 있습니다.

그림 이창우

부산 대학교 미술학과를 졸업하고 일러스트레이터가 되어 만화와 그림을 그리고 있습니다. 여러 교과서, 국정 홍보처, 법제처, 서울경제, 어린이동아 등 다양한 매체에 일러스트 작업을 했고, 조선일보, 독서평설, 과학동아, 생각쟁이 등에서 카툰을 연재했습니다.
그린 책으로는 《웃다 보면 알게 되는 저학년 수수께끼》, 《웃다 보면 알게 되는 저학년 관용구》, 《미생물은 힘이 세! 세균과 바이러스》, 《4학년 5반 불평쟁이들》, 《그림자 세탁소》, 《초등과학Q 2 지구를 부탁해》 등이 있습니다.

초판 3쇄 발행 2025년 6월 10일

글 신현경 | 그림 이창우

발행인 오형석
편집장 이미현 | **편집** 신지원 | **디자인** 박슬기
발행처 ㈜계림북스
신고번호 제2012-000204호 | **등록일자** 2000년 5월 22일
주소 서울시 마포구 창전로 74 여촌빌딩 3층
대표전화 (02)-7079-900 | **팩스** (02)-7079-956
도서문의 (02)-7079-913
홈페이지 www.kyelimbook.com

ⓒ계림북스, 2024
이 책에 실린 글과 그림, 사진의 무단 전재나 복제를 금합니다.